AF391561

# CROYEZ-VOUS A LA SOCIÉTÉ DES NATIONS ?

LES

# PROBLÈMES D'AUJOURD'HUI

COLLECTION

D'ÉTUDES ÉCONOMIQUES ET POLITIQUES

DIRIGÉE PAR

## M. ALFRED DE TARDE

L'épreuve de la guerre a mis en évidence de grandes lacunes dans l'esprit public de notre pays. Elle a révélé notamment notre insuffisante connaissance des pays étrangers, de leurs mœurs, de leur politique, et notre réelle ignorance des questions économiques.

La présente collection se propose de remédier à ces défauts, qui faillirent nous être funestes.

Dans une suite d'ouvrages d'une documentation sûre, d'une lecture aisée et spécialement destinés aux hommes d'action, c'est-à-dire offrant des solutions définies, elle abordera toutes les grandes questions qui intéressent l'opinion, et les traitera dans un esprit strictement objectif, avec le seul souci de servir ainsi l'intérêt national.

## *DÉJA PARUS :*

Le Bilan de la guerre, par TRUSTEE (7e édition).

L'Armée nouvelle et le Service d'un an, par B. A. R. (Préface du général DUVAL) (5e édition).

La Réparation des dommages de guerre, par André TOULEMON (6e édition).

L'Irlande insurgée, par Sylvain BRIOLLAY (6e édition).

Nos ports, par M. CLAVEILLE, sénateur, ancien ministre (5e édition).

Le Nationalisme turc, par Berthe GEORGES-GAULIS (6e édition).

Les Nouveaux impôts ont-ils fait faillite ? par Pierre BODIN (5e édition).

Un Ministère de l'Éducation nationale, par L. BRUNSCHVICG, de l'Institut (5e édition).

Le Syndicalisme intellectuel. *Son rôle politique et social*, **par** Jules SAGERET (5e édition).

La France a Gênes. *Un programme de reconstruction économique de l'Europe*, par CELTUS (24e édition).

L'Afrique latine. *Maroc, Algérie, Tunisie*, par André FRIBOURG, député de l'Ain (4e édition).

La France en Amérique latine, par Georges LAFOND (4e édition).

Comment faire connaître la France à l'étranger ? par Firmin ROZ (5e édition).

Nos illusions sur l'Europe centrale, par Wladimir D'ORMESSON (5e édition).

Le Problème des réparations. Comment le résoudre ? par Jean LESCURE (5e édition).

Le Maroc, école d'énergie, par A. DE TARDE (6e édition).

La Question des arsenaux, par H. LE MARQUAND (4e édition).

Wallons et Flamands. *La Querelle linguistique en Belgique*, par Jules DESTRÉE (6e édition).

L'Amérique vivante, par Henri HAUSER, professeur à la Sorbonne (4e édition).

Comment sauvegarder l'avenir du franc ? par Ch. DUPUIS, membre de l'Institut (6e édition).

L'Avenir de l'Entente franco-anglaise, par René PINON (6e édition).

## « HOMMES ET IDÉES »

Série publiée sous la direction de E. LÉMONON et A. DE TARDE.

La Paix par la Ruhr, par Robert VEYSSIÉ (10e édition).
Mussolini et le Fascisme, par Domenico RUSSO (6e édition).
Lénine, par Isaac don LÉVINE, traduit de l'anglais par ALTIAR (8e édition).
J. Ramsay Macdonald, par Jacques BARDOUX (8e édition).

## OUVRAGES DU MÊME AUTEUR :

La Mâchoire carrée (1916) avec ANDRÉ TUDESQ *(Nelson)*.
Notre camarade Tommy (1917) avec ANDRÉ TUDESQ *(Hachette)*.
La Ruée (1918) avec une préface de HENRY BIDOU *(La Sirène)*.

Ce volume a été déposé au ministère de l'intérieur en 1924.

# Croyez-vous à la Société des Nations?

PAR

## HENRY RUFFIN

CE QU'ON VOIT A GENÈVE
CE QU'ON FAIT A GENÈVE
CE QU'ON EN PENSE EN FRANCE
(Opinions de MM. POINCARÉ, LÉON BLUM,
R. P. DE LA BRIÈRE, RENÉ APPELL,
JOUHAUX, MARÉCHAL FOCH,
DE LA FOUCHARDIÈRE, PAUL-BONCOUR,
etc., etc...)

PARIS

LIBRAIRIE PLON

PLON-NOURRIT ET Cⁱᵉ, IMPRIMEURS-ÉDITEURS

8, RUE GARANCIÈRE - 6ᵉ

*Tous droits réservés*

# A MON FILS HENRI

# CROYEZ-VOUS
# A LA SOCIÉTÉ DES NATIONS?

## AVANT-PROPOS

*Ceci est un reportage.*

*Je n'ai voulu écrire ni une apologie de la Société des Nations, ni une satire, mais plus simplement et aussi impartialement que possible ce que j'ai vu et ce que j'ai entendu à Genève et à Paris depuis qu'il existe une Société des Nations, et qu'on enterre chaque jour depuis cinq ans.*

*Si de ce voyage au pays de la chimère ou de l'avenir se dégage une atmosphère de sympathie et de confiance pour l'œuvre sortie du pacte, je m'en réjouirai, et de même il me semble que je serais désolé à la fois comme Français et comme concitoyen du monde, s'il m'était démontré que, depuis 1919, cinquante-quatre pays, les trois cinquièmes de la population du globe, se sont égarés dans une ridicule ou sinistre aventure.*

*Le plus simple était d'y aller voir. C'est ce que j'ai fait; comme d'autres vont vers le bagne, je suis allé vers cet*

*Eldorado. Je m'excuse à l'avance auprès du lecteur si, au cours de ce voyage, il m'arrive de visiter quelques châteaux en Espagne.*

*J'ai cru de bonne foi qu'on pouvait écrire sur la Société des Nations sans faire bâiller d'ennui. Au lecteur de dire si j'ai tenu cette gageure.*

H. R.

# PREMIÈRE PARTIE
## CE QU'ON VOIT A GENÈVE

------

## I

**Deux histoires de concierge.**

A tout seigneur tout honneur.

Il sied qu'au seuil de cette enquête, se dresse un porte-clefs ; Cerbère est de tous les voyages.

Aussi bien ne pourrais-je agir autrement sans manquer dès le début de cet ouvrage à la vérité historique, ou pour le moins sans troubler volontairement l'ordre des faits.

On dira peut-être que voilà des concierges bien déplacés à la porte de ce léger monument ; je n'y puis rien et les faits sont ce qu'ils sont.

Faut-il en faire l'aveu?

C'est un de ces messieurs qui, le premier, me donna l'idée de ce reportage au pays de la Société des Nations et c'en fut un second qui m'en ouvrit généreusement la porte. Comment n'aurais-je point pour eux quelque reconnaissance?

***

C'était, si mes souvenirs sont exacts, le mardi 11 mars 1923. Sa Majesté Abdul Medjid, **calife** des Croyants, venait de débarquer à l'improviste à Territet.

En moins d'une semaine, le malheureux prince avait vu l'Assemblée d'Angora proclamer la république laïque et anticléricale, décréter l'abolition du califat; des sentinelles, baïonnette au canon, avaient entouré son palais, fouillé ses domestiques et ses amis. Puis un triste soir où la lune cendrée se couchait lentement derrière les figuiers de Tchataldja, un sbire vint lui signifier l'ordre du départ. On donnait au commandeur décommandé quarante-huit heures pour faire ses malles et celles de ses quatre favorites.

Il partit en pleurant, affirma une dépêche Reuter, et pendant quatre jours on ne sut où il fixerait ses pénates. Chose stupéfiante en ce temps de T. S. F. et de rayon diabolique, une majesté, même flanquée de quatre reines, peut errer plusieurs jours en Europe sans que le monde sache où elle va.

On disait le calife en route pour l'Égypte. C'est Territet-la-Charmante qui le recueillit.

Gros événement — vous en conviendrez — non seulement pour la Suisse à qui de pareilles aventures sont coutumières, mais encore pour le monde entier, incroyants compris.

On se précipite vers la petite ville pour approcher Sa Majesté. Des représentants de la presse internationale l'assiègent pendant une semaine; Sa Majesté ne se rend pas.

Enfin, le 11 mars, comme 7 heures sonnaient, le commandeur des Croyants capitulait. Il parla, et je fus parmi les trois heureux mortels qui recueillirent sa précieuse parole et jurèrent sur le Coran de la transmettre, inviolée, à travers le monde.

C'est alors qu'ayant accompli ma sainte et redoutable tâche, une autre Majesté m'apparut sous la forme du concierge du Grand Hôtel habité par le commandeur des Croyants.

Elle était, je dois l'avouer, beaucoup plus représentative que celle dont je venais de recueillir le verbe. Vêtue de bleu ciel, la poitrine constellée de boutons d'or et l'épaule traversée de part en part d'héroïques aiguillettes, cette autre Majesté daigna me demander, comme je réglais ma note d'hôtel :

— Monsieur s'en va?

— Eh oui.

— Monsieur est bien pressé de nous quitter?

Je crus devoir expliquer à mon honorable interlocuteur qu'une autre tâche, plus urgente, m'appelait à 60 kilomètres de là, à Genève, où siégeait précisément le Conseil de la Société des Nations.

A ma grande surprise, je vis les yeux de Sa Majesté s'ouvrir démesurément et ses traits refléter les signes d'un sentiment que je crus être du mépris.

— Comment, monsieur, prononça enfin Sa Majesté, vous allez abandonner cet hôtel où vient de descendre le calife en personne pour un conseil de la Société des Nations?...

— Mais je vous assure...

Cet homme terrible ne me laissa pas le temps de finir ; emporté par sa conviction, il m'accablait maintenant sous son regard ironique :

— Ainsi, monsieur s'occupe de ça...

— De ça?

— De la Société des Nations.

— ?...

— Mais monsieur ne sait donc pas qu'il suffit de voir ces trois lettres-ci dans les journaux : S. D. N. pour qu'on se hâte de tourner la page?...

J'avais franchi le seuil du Grand Hôtel que j'entendais encore le rire gras de ce sceptique. Il m'accompagna jusqu'à Genève.

Ce fut le début de ma vocation, je veux dire de ma vocation d'enquêteur. Car en réfléchissant davantage à cette stupide aventure, je me rappelai et je rapprochai dix, vingt, cinquante menus incidents du même genre auxquels je n'avais prêté jusqu'alors aucune espèce d'attention. Je me souvins de certaines poignées de mains que m'accordent parfois d'excellentes personnes de Paris et d'ailleurs, lorsque je leur dis que je m'occupe de la S. D. N. et je revis leurs yeux qui me voulaient dire : « Courage, ami, condoléances. »

Et je compris, je compris qu'il fallait en avoir le cœur net. Dès cet instant, je résolus de connaître lequel avait raison de ce quidam ou de moi-même, et si vraiment, pour la pluralité des mondes habités, la Société des Nations... ça n'existe pas.

****

Je n'aurai quitté le porte-clefs de Territet que pour rencontrer celui... de la Société des Nations.

On m'avait dit : « Au bout du quai... du quai du Président Wilson... (1). A gauche, une grande bâtisse en forme d'hôtel, précédée vers le lac d'une large terrasse, c'est là. »

Bah ! pensais-je ; au bout du quai !... Voilà une Société des Nations qui doit ressembler à un quai d'Orsay comme une sœur... Tout s'explique... Concurrence... frère et sœurs ennemis...

Mais je dus bientôt convenir que je m'étais lourdement trompé. D'abord, il n'y a point de comparaison possible entre le bout du quai d'Orsay et celui du quai du Président Wilson. Au bout du premier, une gare, un chef de gare ; au bout du second, un parc idyllique, Mon Repos. Et puis, je devais faire bientôt l'expérience qu'on ne pénètre

----

(1) Jusqu'au milieu de 1924, ce quai s'appela le quai du Mont-Blanc. A cette époque, on apposa dans le mur qui clôt l'hôtel de la Société des Nations de ce côté une plaque commémorative avec cette inscription : « Au Président Wilson, Fondateur de la Société des Nations. » Un journaliste anglo-saxon a proposé depuis qu'on remplaçât cette inscription par cette autre : « Au Pacifiste méconnu ! »

pas dans la S. D. N. comme ce gueux qui fut trouvé naguère dans les appartements de l'empereur au ministère.

La grande bâtisse s'élevait au centre d'un jardin-terrasse agréable, à vingt mètres du lac, face aux Alpes françaises. Au loin, le Mont-Blanc découpait dans le ciel le petit chapeau légendaire.

Sur le lac bleu, une multitude de voiles et de canots multicolores promenaient des couples alanguis, pendant que sur la promenade même, une population cosmopolite devisait paisiblement, goûtant la joie dominicale.

Je poussai le tambour de la grande porte et me trouvai devant un large escalier au sommet duquel deux chiens aussitôt s'étirèrent : un terre-neuve et un chien berger. Je sus plus tard que ces deux gardiens de la paix se nommaient Bristol et Loulou (1).

Et voilà que m'apparut le concierge nº 2. Il était beaucoup plus sobrement habillé que celui de Territet. Il portait un uniforme noir avec, sur les parements, les trois lettres en or entrelacées S. D. N.

— Pardon, monsieur, c'est bien ici la Société des Nations?

— Oui, monsieur.

— Ce monument, quand le visite-t-on?

L'homme parut un peu choqué.

— Ceci, monsieur, n'est pas un lieu public. Monsieur pourra venir en semaine autant qu'il le voudra. Il sera reçu. Mais, c'est aujourd'hui dimanche.

— Et le dimanche, questionnai-je, commence ici, comme à Londres, le samedi midi?

Le brave homme vit le piège.

— Cela dépend, il y a des coups de collier.

(1) Le romancier Wells s'étant, en septembre 1924, trouvé face à face avec le dénommé Loulou, s'exclama : « Pauvre chien de la Ligue ! Il a fallu lui enlever les dents, et de plus, chaque fois qu'il essaie de mordre, par habitude, il lui faut recourir à l'arbitrage ! »

Je caressai les chiens.

— Alors, continuai-je, vous êtes le concierge de l'établissement?...

— Eh oui, monsieur, depuis vingt-huit ans.

— Comment! depuis vingt-huit ans? La Société des Nations n'a-t-elle pas cinq ans d'existence?

— Sans doute, monsieur, mais j'étais ici avant elle...

— Je ne comprends pas très bien.

— Oh! monsieur, rien de plus aisé à comprendre. La Société des Nations est ici dans un ancien hôtel. L'hôtel National était jusqu'à la fin de la guerre le plus bel hôtel de Genève. Monsieur peut en juger, beau site, confort, et bonne table.

Or, voyez, monsieur, notre guigne. Au début de 1919, on engagea une dépense de deux millions pour embellir l'hôtel. Nous n'avions que vingt-cinq salles de bains, on se mit à en construire cent vingt...

Les travaux n'étaient pas terminés que la Société des Nations venait s'y installer...

— Et les salles de bains?

— La Société des Nations les a revendues.

— Tiens! tiens! Et combien a-t-elle acheté l'hôtel?

— Quatre millions et demi.

— De francs suisses?

— Naturellement, mais c'était encore pour rien. Si vous aviez vu, monsieur, ce luxe! et ce monde! et ce mouvement! et cette table!

— Vous parlez du passé, je le vois, avec attendrissement. Le regretteriez-vous?

— Je ne dis pas cela! Mais l'hôtel... monsieur, j'avais ça dans la peau.

— Au lieu que maintenant...

— Ah! maintenant, ce ne sont plus les mêmes têtes, plus le même business... Les nouveaux clients ne sont même pas honnêtes : tenez, l'autre jour, on avait placé ici, dans ce hall, un tronc pour les réfugiés d'Asie Mineure.

Lorsqu'il y a eu dedans une dizaine de mille francs, il s'est envolé.

— Diable ! mais comment savez-vous qu'il y avait 10 000 francs dedans?...

— Une supposition...

— Le fait est fâcheux, en effet, mais vous avez des compensations. Vous contribuez à l'œuvre éminemment louable du maintien et du développement de la paix... c'est un honneur, ça, qui a son prix?...

— Pas après vingt-cinq ans d'hôtel ; croyez-moi, monsieur.

— Mais au fait, pourquoi êtes-vous demeuré?

— Parce qu'on a gardé une bonne partie de l'ancien personnel...

— En sorte que du jour au lendemain... si le malheur voulait...

— Monsieur m'a compris.

Le brave garçon m'accompagna jusqu'au tambour avec un sourire si sympathique que je ne pus m'empêcher de lui dire :

— Au revoir, monsieur, je reviendrai...


## II


**Le tour du monde en une séance.**

A quoi bon entreprendre de longs, dispendieux et fatigants voyages autour de la planète, risquer les pannes d'automobile et les chutes d'avion, quand, à Genève, on peut en moins de deux heures et relativement à peu de frais accomplir le tour du monde? Il suffit pour cela d'assister à une séance de l'Assemblée des Nations.

Pour un Français, un Anglais, un Italien, un Allemand,

l'entreprise est aisée. Pour les Américains du Sud, les Chinois, les Japonais, les Néo-Zélandais, l'affaire est plus difficile. On n'a pas pu trouver, hélas, pour y fixer le siège de la Société des Nations, le point idéal, le lieu géométrique qui serait à égale distance de tous les pays à la fois...

Chaque premier lundi de septembre se réunit à Genève, aux termes de son règlement, le grand organe législatif de la Société des Nations. C'est un rite analogue à celui qu'observent à des dates pareillement fixes tous les Parlements du monde. L'Assemblée de Genève est un Parlement

> .....à cent actes divers
> Et dont la scène est l'univers.

Aucun signe extérieur ne révèle ce grand événement, sauf peut-être l'encombrement des hôtels et la cherté de leurs prix, trop souvent majorés pour la circonstance.

Les hôteliers genevois n'aiment point la Société des Nations pour une raison étrangère au pacte : ils lui reprochent tout simplement d'avoir choisi le mois de septembre pour tenir ses assises dans leur ville. Septembre, c'est le mois où les hôteliers n'ont que faire de la Société des Nations et de ses fidèles, car c'est le temps de l'année où les touristes anglo-saxons, scandinaves, américains... et allemands, descendant des montagnes, s'arrêtent dans la ville avec complaisance, y laissant de l'or au passage.

Quant à l'État helvétique, il ne fut jamais indifférent aux manifestations de la Société des Nations.

En 1920, pour l'inauguration de la première Assemblée, le président de la Confédération helvétique tint à se déplacer lui-même. Précédé du massier de la ville en robe rouge, des drapeaux des corporations, accompagné de M. Motta, premier délégué de la Suisse, suivi des autorités du Conseil d'État et de la République et Canton de Genève, le président pénétra dans la salle du premier parlement international et il en ouvrit les travaux.

Depuis ce jour, la collaboration et la sympathie de l'État se manifestent par l'octroi de quelques gendarmes supplémentaires qui montent philosophiquement la garde aux abords des Assemblées.

On n'a point revu, il est vrai, de drapeaux dans les rues, les écoliers n'ont plus mesuré l'honneur fait à leur pays à la douceur d'un congé. L'Assemblée de Genève est devenue d'une année à l'autre comme un des rouages de la vie municipale et passe aux yeux des habitants à peu près inaperçue.

Les cultes sont demeurés plus fidèles à la nouvelle religion. La veille, en effet, de chaque réunion annuelle, un office religieux a lieu à la fois dans l'église catholique et dans un temple protestant et l'on a vu lord Balfour, avant d'imposer son verbe et sa taille, l'une faite à la mesure de l'autre, à la grande Assemblée internationale, prononcer le prêche du dimanche devant ses coreligionnaires attentifs sur « les rapports de la S. D. N. avec les devoirs du chrétien ».

*<br>* *

Aussi bien, pour celui qui se présente une première fois à l'Assemblée de Genève, tout respire-t-il la foi de Luther et de Calvin, la salle des séances peut-être plus que le reste.

Encore existe-t-il en Angleterre et à Genève même des temples que le goût des fidèles et la fantaisie de dame Nature ont rendus presque sympathiques. Mais quel dommage — n'est-ce pas, mes camarades? — quel dommage qu'il n'y ait eu pour recevoir les premiers vagissements de l'Assemblée de Genève que cette salle froide, presque hostile de la Réformation.

— Voilà, dira-t-on, un détail qui n'a point d'importance.

— Pardon, monsieur, ce détail a de l'importance dans

la série de tous les autres du même genre, dont la somme a créé précisément cette légende de la Société des Nations boîte anglaise. Mais ceci est une autre histoire que nous raconterons plus loin.

Il paraît donc qu'on n'a pu trouver dans la ville de Jean-Jacques une salle plus idoine que cette salle rococo, en mortier de ciment, sans fenêtres sur l'extérieur, assez pareille aux chapelles en toc construites dans les banlieues ouvrières des grandes villes.

La salle est accotée à un hôtel au nom bien britannique : « hôtel Victoria » ; la salle et l'hôtel se tiennent comme deux frères siamois.

Le public entre directement dans le temple ; les délégués et la presse — ainsi en avertit une inscription officielle peinte sur calicot blanc — pénètrent par l'hôtel.

Ah ! que je comprends que plus d'une foi vacillante en la majesté de la Société des Nations se soit écroulée dès la porte de cet étrange et stupide édifice !

Il faut reconnaître que la Société des Nations n'est pour rien dans le choix du siège de l'Assemblée. Cet édifice est tout ce qu'on lui a offert... au prix de quelque 30 000 francs de location mensuelle ! Le mercantilisme est un vice international !

Encore a-t-on su tirer de ce lieu ridicule tout le parti possible. Tant bien que mal, à force d'ingéniosité, le Secrétariat de la Société des Nations a su établir dans ce temple désaffecté, en plus d'une salle des séances, une salle des pas-perdus, un vestiaire, des bureaux pour les services, une salle pour la presse, un vaste service télégraphique, téléphonique et radio-télégraphique ; on a même pensé au bar et à la bar-maid, miss Daisy, dont les cocktails sont maintenant goûtés du monde entier (1).

(1) L'Assemblée de septembre 1924 a voté un crédit de près de quatre millions de francs suisses pour la construction d'une salle. Les plans vont être mis au concours. La construction s'élèvera sur un terrain attenant au siège actuel de la Société des Nations.

*
* *

La salle de l'Assemblée est tout en bois de sapin du parquet au plafond, par où tombe la lumière. Un rez-de-chaussée et deux galeries ; le premier réservé pour la plus grande partie des délégués ; les secondes, occupées par la presse et le public.

Car les séances sont publiques, cela va de soi. On y vient avec des cartes délivrées parcimonieusement à l'avance. Public nombreux, empressé lors des premières séances, rarissime à la fin des sessions ; public mélangé comme à la Chambre des députés, avec cette différence que M. Paderewski, président du Conseil en disponibilité, qui vient souvent de Morges à Genève pendant l'Assemblée, se trouve assis de pair avec le facteur du quartier Ça non plus, ce n'est point la faute de la Société des Nations.

Vous voyez ces deux galeries qui courent parallèles au premier étage, c'est le perchoir des journalistes, des gens pas toujours commodes à caser, je vous l'assure. Demandez plutôt à M. Pierre Comert, chef de la section des informations de la S. D. N., qui ne vient à bout de sa tâche et de ces messieurs qu'à force d'intelligente bonhomie.

Ces têtes curieuses, souvent chauves et binoclées, qui émergent au-dessus de la balustrade, sont venues de tous les continents.

Voici le continent américain, le sud d'abord, avec les deux représentants des deux plus grands journaux de Buenos-Aires : de Franch, de *la Prensa*, et del Vailho, de *la Nacion*, des rivaux qui sont les meilleurs amis du monde. Le continent nord-américain — qui ne fait point partie de la Société des Nations — est pourtant celui qui fournit le plus large contingent de correspondants de journaux ; Sharky, de l'*Associated Press*; Wood, de l'*United Press;* James, du *New York Times;* Wilbur Forrest, du *New York Tribune;* Laurence Hills, du *New York Herald;* Paul Scott Mowrer, des *Chicago Daily News;* Henry Wales, de la *Chicago Tribune;* Adam, du *New York Sun;* miss Drexel, de la firme Mac Clure, etc., etc...

Voici les Anglais, avec Werndel, de Reuter, qui parle huit langues, y compris le turc et le persan et qui est bien à sa place dans cette sorte de Babel moderne ; Glarner, de l'*Exchange*, né Français, prompt comme l'éclair, aussi expert à faire de la diplomatie internationale qu'à rédiger pour le *Miroir des sports* un compte-rendu du Parc des Princes ou de Colombes ; Wilson Harris, des *Daily News*, si savant ès science « Société des Nations », que la *Ligue. of Nations* anglaise en a fait son secrétaire général ; Mac Hugh, du *Daily Telegraph*, accueillant et sobre ; et cet homme au museau futé qui ne prend point de notes mais qui écoute intensément, c'est Philip Gibbs, indifféremment correspondant de guerre, romancier, directeur de revues, l'ami des bons et des mauvais jours.

Les représentants des deux Suisses, romande et alémanique, forment, cela va de soi, le carré le plus important de la cohorte journalistique à la Société des Nations. Beaucoup d'entre eux sont à la fois collaborateurs de journaux suisses et correspondants de journaux étrangers et ils sentent, en de pareils moments, je vous l'assure, tout le poids de leur responsabilité. Nous pouvons dormir sur nos deux oreilles : Maurice Muret *(Gazette de Lausanne* et *Journal des Débats)*, Paul du Bochet *(Petit Parisien* et *Tribune de Genève)*, Filliol *(Agence télégraphique suisse)*, Laya *(le Temps)*, Tony Roche *(le Journal)*, d'autres encore sont des agents de liaison comme on voudrait en voir partout entre l'étranger et la France.

Et puis, voici l'Allemagne. Bien avant qu'elle ne siégeât dans la salle, sa presse suivait assidûment les travaux de l'Assemblée. Il est tout à fait remarquable que les presses les plus intéressées aux travaux de Genève aient été pendant longtemps celles des pays qui se tenaient officiellement hors du giron de la nouvelle Église. Réjouissons-nous d'un événement qui nous a permis de connaître des Allemands comme les docteurs Max Beer et Becker, lesquels par leur bonne camaraderie ont plus fait pour l'admission de leur pays dans la Société des Nations que l'activité brouillonne de toutes les ligues allemandes.

C'est à la presse française que je pensais en constatant l'activité des camarades anglo-saxons et allemands à Genève. Pourquoi nos journaux pratiquent-ils à Genève, comme trop souvent ailleurs, la politique de l'absence? Je connais un directeur d'un grand journal parisien qui a donné pour consigne à son correspondant de Genève de ne lui télégraphier que les « scandales » de la S. D. N. Les scandales étant rares, plus d'un million de lecteurs français ignorent à peu près totalement ce qui se passe à Genève.

Un autre grand journal du matin avait délégué à la première Assemblée un de ses rédacteurs en chef. Le personnage est demeuré cinq jours ; puis il est parti en déclarant que « ça n'avait aucune espèce d'importance ». Cinq jours de présence lui ont néanmoins suffi pour mener pendant deux ans, dans son journal, une campagne d'ignorance contre la Société des Nations. Malheureusement pour lui, il avait cru devoir, à l'exemple des républicains des États-Unis, enterrer la Société des Nations. Imprudente anticipation. Le hasard a voulu que l'un des plus actifs délégués officiels de la France à la Société des Nations fût choisi par la suite à la tête de ce même journal.

*<br>* *

« Ce qui me frappe, me disait M. Henry de Jouvenel, en septembre 1922 après son premier contact avec l'Assemblée de Genève, c'est ce mélange curieux de protocole diplomatique et de règlement démocratique. »

Eh bien, oui, c'est tout à fait cela. L'Assemblée de Genève n'est ni une conférence diplomatique ni un parlement à proprement parler.

Les États qui sont là rangés par ordre alphabétique ont envoyé certes un bon lot de diplomates, et les sujets qu'on traite dans cette enceinte pitoyable et auguste à la fois touchent presque tous à la diplomatie internationale. Mais on ne se donne point ici, comme autrefois dans les congrès, de « Son Excellence » à tour de bras, et les monocles, attribut de la carrière, sont assez rares.

Ça n'est point non plus un parlement absolument comme les autres, encore que les parlementaires soient fort nombreux à l'Assemblée. (Les délégués français l'étaient tous, cette année, à l'exception de MM. Léon Jouhaux et René Cassin.) Il est rare qu'on s'interpelle nommément et les discours ont le plus souvent un ton et une forme conférencière.

Malgré cela une vie réelle circule parmi ces bancs et monte jusqu'aux galeries.

Avant même que la séance soit ouverte, le diapason des conversations est déjà haut, comme à la Chambre française et aux Communes dans les grands jours. On se congratule, il faut avant de gagner sa place serrer dix, vingt mains qui se tendent. Ce ne sont que sourires, aimables propos, invitations à déjeuner ou à dîner.

— Aux Bergues, ce soir, nous comptons sur vous.

— Benès vous cherche, cher ami, vous êtes introuvable.

— Je n'ai pas quitté ma place.

— Il a quitté la sienne depuis dix minutes... Ah ! le voici dans ce coin avec Titulesco !

Sur une grande estrade à une extrémité de la salle, on

a dressé un baldaquin de toile beige. Sous ce baldaquin se tient le président élu de l'Assemblée.

A sa gauche, ce long monsieur qui sourit avec toutes ses dents, c'est le secrétaire général de la Société des Nations, sir Eric Drummond. Il n'a jamais pris la parole dans l'Assemblée. C'est un timide, paraît-il, mais un honnête homme et un travailleur.

A la droite du président, M. Camerlynck. Qui ne connaît Camerlynck, interprète des Conseils suprêmes, l'homme qui sait tant de choses et qui ne veut rien dire, mais qui interprète si bien le président qu'on a hâte parfois que celui-ci ferme la bouche pour qu'il ouvre la sienne. Saint Jean Chrysostôme réduit à l'état de fonctionnaire !

Le silence s'est fait et l'on attaque l'ordre du jour. Voici le tour du monde qui commence.

*Itinéraire :*

Adresse de sympathie au *Japon*, en raison du tremblement de terre.

Invitation aux *Etats-Unis* à l'effet d'envoyer des représentants aux commissions de l'opium et de la protection des femmes et des enfants.

Admission de l'*Irlande*.

Administration du port de *Dantzig*.

Affaires *polono-lithuaniennes*.

L'*Inde* pose sa candidature au Conseil du bureau international du travail.

Le tour du monde a duré exactement une heure trente-six minutes six secondes.

Nous avons le temps d'en faire un second grâce à l'admission de l'Irlande.

En effet, pour que l'admission d'un État soit prononcée, il faut un vote public, par appel nominal. (Pâle copie de nos mœurs parlementaires.) Un à un, sont appelés à haute voix les États représentés.

L'appel commence par l'Argentine, qui boude depuis 1921 l'Assemblée de Genève, tout en continuant de faire partie de la S. D. N. Si elle boude vingt ans, on l'appellera autant de fois pendant vingt ans qu'il le faudra; et on enregistrera son silence.

De leur place, les chefs de délégations ou à leur défaut leur suppléant répondent « oui » ou « *yes* », ou bien ils disent « : je m'abstiens », je, c'est-à-dire « mon pays ». Le nombre des « oui » est sensiblement supérieur à celui des « *yes* ». L'honneur des lettres françaises est sauf.

Et nous venons d'apprendre que le Vénézuela, plutôt que de répondre toujours et toujours le dernier de la liste, a quitté la salle des séances et se console au bar américain.

## II

### Le Conseil des Dix.

Le concierge me regarde... et ne me connaît plus. J'ai peine moi-même aujourd'hui à le distinguer de ses collègues, car ils sont deux, trois, quatre... tous mobilisés pour la circonstance : une réunion du Conseil de la Société des Nations.

Devant l'hôtel de la Société, les automobiles pétaradent et les jeunes gens en cycle-car ; les sonneries du téléphone retentissent partout à la fois : « Allo ! Mont-Blanc 6 200 ? La S. D. N. ? » et c'est un charabia dans toutes les langues.

Les délégués, les fonctionnaires, les journalistes vont, viennent, échangent de brefs colloques, accompagnés de sourires plus ou moins brefs, suivant les affinités ou le souci de l'heure, et se dispersent.

Beaucoup de silhouettes féminines. La plupart sont venues en curieuses pour assister au *great event*. Elles appartiennent en général au deuxième âge, quelquefois au troisième, et quoiqu'elles n'aient rien à faire dans cette enceinte — ou peut-être à cause de cela — paraissent plus affairées, plus affolées que le reste de la maison.

— Où sont-Ils? demandent-elles à tout venant. Ils... ce sont les dix membres dont l'illustre assemblée constitue le Conseil.

Jusqu'au 1er janvier 1923, ces dix ne furent que huit, quatre d'entre eux siégeant de droit et en permanence au Conseil en leur qualité de représentants des quatre grandes puissances alliées (l'Amérique, on le sait, a décliné le même honneur). Rien n'empêche, aux termes du pacte, d'augmenter le nombre de ces ayants droit et d'y comprendre un jour par exemple l'Allemagne, si elle est sage.

Depuis le 1er janvier de cette année, le nombre des éphémères (je veux dire des membres non permanents) est de six. 6 + 4 = 10.

Ceux-là sont chaque année soumis à la réélection et c'est l'occasion d'une vraie campagne électorale.

Témoin ce qui s'est passé l'an dernier pour l'élection de M. Benès au Conseil.

Les avertissements n'avaient pas manqué à la Pologne, mais il paraît que le gouvernement polonais avait des raisons sérieuses de vouloir forcer la porte du Conseil.

L'ennui était que M. Benès était, lui aussi, candidat ; candidat de son pays et de la Petite-Entente, laquelle en avait ainsi décidé un mois auparavant à Sinaïa.

M. Skirmunt eut beau protester qu'il ne se présentait pas *contre* M. Benès, mais *en même temps que lui*. Les vieux routiers parlementaires présents à Genève ne se laissèrent pas prendre à cette ficelle, trop connue, pas plus qu'à la campagne naïve de presse que des collaborateurs trop zélés du gouvernement polonais distillaient chaque matin dans les journaux locaux et étrangers.

Quelle ne fut pas la surprise des délégations d'apprendre un jour, par exemple, que le *Drapeau blanc* d'Addis-Ababa formait les vœux les plus sincères pour l'élection de M. Skirmunt !

Ce fut un éclat de rire général dans les milieux politiques de Genève.

Par exemple, on n'a jamais pu savoir avec exactitude qui avait fait le coup : du manager de M. Skirmunt ou de celui de M. Benès !

J'ai voulu montrer, par ce souvenir, le prix que les puissances attachent à être représentées au Conseil. La raison? elle est simple.

Sans doute, l'Assemblée de Genève est l'organe directeur de la Société des Nations. Théoriquement, elle peut évoquer à elle tous les sujets, toutes les affaires internationales ; le pacte n'a pas fait un départ strict entre les pouvoirs du législatif et de l'exécutif dans l'organisation de la Société. Sans doute aussi, c'est l'Assemblée qui vote le budget, engageant les dépenses, imposant leur contribution aux États.

Mais, en fait, l'Assemblée, trop nombreuse et de courte durée, ne peut épuiser tous ses droits. Alors elle en délègue une partie au Conseil.

D'autre part, celui-ci a — de par le pacte — des tâches honorables et parfaitement définies. Il ne reçoit pas seulement les miettes de la table autour de laquelle siège la toute-puissante Assemblée. Il lui arrive — et le plus souvent — de lui préparer à manger et sans lui l'Assemblée pourrait danser souvent devant le buffet.

Ce sont les Dix qui élaborent par exemple le plan de réduction des armements, prévu par le pacte ; qui contrôlent l'exercice des mandats confiés à certaines puissances coloniales. Ce sont les Dix, bonnes gens de France, qui gouvernent la Sarre dont les mines nous appartiennent ; qui veillent à ce que la fiction de Dantzig, imaginée par M. Lloyd George, laisse à la Pologne un minimum de poumon pour respirer sur la mer ; ce sont les Dix qui, par la volonté des traités, tiennent en main le statut des minorités et son application. C'est à eux, enfin, que les gouvernements s'adressent lorsque les dangers de guerre menacent d'allumer des incendies dont nul ne sait quand on pourra les éteindre (Haute-Silésie, îles d'Aland, Memel, etc...).

Voilà, vous en conviendrez, dix paires d'épaules lourdement chargées et vous comprenez maintenant pourquoi le Conseil est si couru?

*<br>* *

Une dame âgée me dit :

— *I am sorry!*

C'était histoire d'amorcer la conversation. Le nez contre la vitre derrière laquelle siègent les Dix en ovale, la vieille Anglaise, jouant des coudes, parmi plusieurs autres vieilles de nationalités indistinctes, passe en revue les dix apôtres.

La séance du Conseil est privée avant de devenir publique ; le privé est ici l'exception, d'où vient l' « excitement » de quelques-uns.

La vieille exprime ses réflexions avec irrévérence :

— Aoh ! que le comte en prend à son aise, n'est-il pas vrai?

C'est de lord Robert Cecil — aujourd'hui comte Cecil — qu'il s'agit. A dire vrai, l'honorable représentant de la Grande-Bretagne en prend en effet à son aise avec la table sur laquelle il s'étend généreusement.

— Et ce monsieur si calme, au regard d'émeraude, qui tapote des doigts sur la table et dont la moustache est si impressionnante?

— M. Aristide Briand.

— Aoh ! M. Aristide...

— M. Albert Thomas, lui aussi, se prénomme Aristide.

— Really !

— Et son voisin de droite qui a la tête ronde comme une boule de cricket et qui paraît si sympathique?

— M. Quinones de Leon.

— Je l'avais deviné.

— Et le petit monsieur nerveux qui se trouve au tournant de la table et qui penche un côté de la tête pour mieux entendre avec les deux, n'est-ce point M. Benès?

— Vous l'avez dit, madame.

— Et celui qui me tourne le dos — un vaste dos — le dos d'un homme qui dort, lequel est-il, je vous prie?

— Le dos de M. Souza-Dantas, un des esprits pourtant les plus éveillés de la diplomatie. C'est du moins l'opinion de Paris où il est ambassadeur.

— Aoh! vraiment!

— Lequel s'appelle M. Branting?

— Ce gros monsieur qui porte les cheveux gris en brosse au-dessus de deux gros yeux rêveurs.

— Oh! dit l'Anglaise, n'est-ce pas qu'il a un peu l'air d'un phoque?

— Le phoque, heureusement, madame, n'est pas un animal méchant. Quand on l'attaque, il se défend.

— Ah! vous pensez!

— J'en suis sûr, madame, M. Branting ne ferait pas de mal à une mouche.

— *Aoh! yes*. il est trop *peaceful* pour cela.

L'Anglaise et moi, nous sommes devenus deux grands amis.

— Hello! Je viens, il me semble, de découvrir le Japon... Ce Japonais qui paraît avoir quitté son pays depuis deux générations, est bien le vicomte Ishii?... Je le reconnais... Mon mari et moi, nous avons dîné hier en sa compagnie au Beau Rivage... Il fait bien les choses, vous savez!

— Vous connaissez, sans doute aussi, M. Paul Hymans, madame?

— Aoh, la Belgique ne reçoit pas beaucoup... La France non plus... La vie est tellement chère ici pour ces pauvres pays!

— Ça n'empêche pas M. Paul Hymans d'être un homme

délicieux et l'un des plus habiles parmi les membres du Conseil.

— Vous avez certainement raison. J'allais oublier, ajouta l'Anglaise, le gros monsieur, semblable à un chanoine de Westminster qui aurait vécu longtemps à Singapour.

— Ce chanoine, madame, est de Rome, car il s'appelle M. Salandra et il représente l'Italie.

A ce moment, celui des Dix qui était placé au centre de la grande table verte agita une sonnette. Le président du Conseil en exercice, M. Guani, représentant de l'Uruguay, invitait un personnage ventripotent, trapu, haut en couleur, à s'asseoir à la table du Conseil.

L'Anglaise riait à belles dents.

— Oh! par exemple, en voilà un qui va faire éclater son vêtement!

— Madame, lui dis-je, je vous présente M. Rault, ancien préfet français, président de la Commission du gouvernement de la Sarre.

— Il fait honneur à votre pays, car il se porte bien.

— Et il raconte comme pas un les plus amusantes histoires.

— Splendid! Vous en connaissez de ces histoires?... Si... Si... Contez-nous une histoire de votre M. Rault.

Alors, pendant que les Dix écoutaient le président de la Commission du gouvernement de la Sarre, je contai, sans sa verve, l'une de ses anecdotes préférées :

« ...Un jour, raconte M. Rault, je me trouvais à Vichy en même temps que M. Constans, alors ministre de l'Intérieur. Nous parlions duel et Constans me dit : Cela me rappelle l'histoire de Panassou...

— ??

— Panassou était un de mes sous-préfets... Méridional — et même davantage — il avait la fâcheuse habitude de distribuer des gifles avec la même facilité que des palmes ou des Mérites agricoles.

Je le déplaçai ; mais en l'installant dans son nouveau poste, je lui adressai une semonce et le menaçai de révocation à la première incartade.

Panassou fut sage pendant trois mois, six mois... Je ne reconnaissais pas mon Panassou...

Enfin, un jour que siégeait son conseil général, il fut violemment pris à partie par un bonapartiste de l'endroit qui le traita de fripouille, de vendu, et de quelques noms d'oiseaux...

Mon Panassou ne broncha pas. Mais, à la fin de la séance, comme l'orateur bonapartiste regagnait sa place, il frôla mon Panassou qui soudain se dressa comme un diable et appliqua sur la joue du conseiller réactionnaire une gifle magistrale.

Je trouvai le lendemain matin sur mon bureau une dépêche de l'agence Havas relatant l'incident.

C'en était trop...

Je fis donner l'ordre à Panassou de comparaître le lundi suivant dans mon bureau aux fins de révocation. Ceci se passait le vendredi.

Or, le samedi, je fus moi-même violemment interpellé à la Chambre des députés. Je me défendis du mieux que je pus et je triomphai...

Mais voilà que, comme je descendais de la tribune, je me rencontrai nez à nez avec mon interpellateur qui me narguait et me défiait. Je vis rouge, et pan ! j'envoyai au malotru un direct du pied gauche dans le bas-rein. Scandale dans les journaux !

Le lendemain dimanche, en arrivant place Beauvau, le premier télégramme que je trouvai était ainsi conçu :

« Dois-je venir quand même lundi ?

« *Signé :* PANASSOU. »

· Le cercle qui peu à peu s'était formé autour de moi irait aux éclats.

— Êtes-vous sûr, me demanda sérieusement l'Anglaise, que c'est bien ce que M. Rault raconte au Conseil?


## IV

**La machine à faire la paix.**

L'Assemblée et le Conseil de la Société des Nations sont, si j'ose m'exprimer ainsi, les deux rouages, précisons l'image : les deux roues de cette machine énorme et en apparence seulement si compliquée qu'on appelle la Société des Nations. Mais l'organe qui la fait marcher, le moteur, l'âme de la machine, c'est sans contestation possible le Secrétariat permanent de la Société.

On n'a pas trouvé d'autre expression que celle-là, « secrétariat », pour désigner le centre de Genève, et c'est regrettable, car elle n'est ni très digne ni suffisamment adéquate. Elle a quelque chose d'administratif et de déjà vu qui sonne mal à des oreilles françaises. Secrétariat : cela rappelle les permanences électorales avec leur caractère provisoire ou bien le rayon des cartons verts dans les grandes compagnies d'assurance.

Encore que la Société des Nations ne soit en somme qu'une vaste compagnie d'assurance contre la guerre, il est permis de regretter qu'on ait dû l'affubler de vieux oripeaux administratifs et apposer à sa porte une enseigne périmée. Mais c'est ainsi.

Et puisque l'habit ne fait pas le moine, visitons de plus près cet appareil dont le nom seul appartient au passé ; lui du moins appartient à l'histoire et continue d'y jouer son rôle.

Car enfin, la Société des Nations a beau n'être qu'une association de gouvernements, qui ne tient d'autorité que des gouvernements, que les gouvernements entrennent et qu'ils tiennent à leur merci, il n'en est pas moins vrai que Genève est devenue, grâce à elle, une capitale politique vers laquelle de plus en plus les yeux du monde se tournent. Une capitale politique, cela suppose un gouvernement.

— Mais la Société des Nations n'est pas un gouvernement...

— Non, mais elle reçoit les instructions des gouvernements et elle leur communique les votes des Assemblées et des Conseils où siègent leurs représentants.

— Alors, c'est à peu près comme une grande agence d'informations, quelque chose comme Havas et Reuter dans l'ordre de la diplomatie internationale?

— C'est cela et quelque chose de plus ; puisque non content de centraliser les informations diplomatiques ou économiques, ou de travail ou d'hygiène, ce secrétariat permanent de la Société des Nations prépare l'aliment des conférences ou des conseils, lesquels à leur tour alimentent les législations nationales.

— En sorte que tout de même le secrétariat de la Société des Nations exerce une influence certaine sur le cours des événements et sur la vie des nations les plus libres?

— C'est exactement ce que je voulais vous faire comprendre.

J'avais donc bien raison d'appeler le secrétariat de la Société des Nations la machine à faire la paix. Il ne nous reste plus qu'à en faire le tour.

Le matériel est humain dans toute l'acception du terme. Il ne se flatte pas d'être parfait. J'ai souvent observé au cours de mes relations avec lui la très grande simplicité des hommes qui portent le lourd fardeau — lourd et ingrat — de fabriquer la paix. J'entends encore le rire sonore et sincère de Salter, directeur de la section économique de la Société des Nations, le jour où *l'Intransigeant* de Paris annonça qu'il allait être entendu par le Comité des Experts comme *l'homme qui a sauvé l'Autriche.*

Salter riait, et il avait raison, car ce n'était point Salter qui seul avait sauvé l'Autriche, mais les *méthodes* employées par la Société des Nations dont Salter n'avait été qu'un instrument.

*<br>* *

Au sommet de la hiérarchie : Sir Eric Drummond. Il est le seul dont le nom ait été nommé, dans le traité de Versailles, comme celui du premier secrétaire général de la Ligue.

Quand il fut choisi, il était, si je ne me trompe, haut fonctionnaire attaché au cabinet de guerre de M. Lloyd George.

La mode étant, en Angleterre comme en France, de « débiner » les compatriotes qui réussissent, on a prétendu de l'autre côté de la Manche que Lloyd George avait mis sir Eric Drummond à la tête de l'organisation de Genève, pour n'avoir pas à en faire un ministre. Ce sont encore là histoires de concierges sans aucun doute.

Je suis, quant à moi, persuadé que sir Eric aurait fait un excellent ministre, de ceux qu'on appelle chez nous des ministres d'affaires, en tout cas, un bon administrateur, car personne n'est moins politicien que sir Eric.

Profondément honnête et loyal, accessible à tous, sobre dans son langage, peu expansif par timidité, il a toujours borné son rôle à celui d'un haut fonctionnaire consciencieux et réservé.

Lorsqu'on l'a convaincu qu'il était nécessaire à l'intérêt de la Société des Nations qu'il sortît, qu'il voyageât, dans l'Europe centrale, dans les Balkans, à Rome, on a bien vu que sir Eric était assez cultivé pour parler au public des sujets les plus délicats et assez fin pour ne les point gâter.

Je ne l'ai vu en colère qu'une seule fois ; ce fut lorsque, à l'inauguration de la première pierre du futur Palais du Travail à Genève, en octobre 1923, il dénonça avec éclat

3

les attaques dirigées contre la Ligue « plus souvent par la mauvaise foi que par l'ignorance de ses adversaires ».

Je l'ai dit : les hommes de Genève sont des hommes. Pourquoi veut-on qu'ils soient des anges? et félicitons-les de n'être pas si bêtes !

L'état-major se compose d'un secrétaire général adjoint et de sous-secrétaires généraux. Le premier est Français : c'est M. Avenol, ancien conseiller financier du gouvernement français à Londres, qui a succédé à M. Monnet, démissionnaire, et dont le souvenir est demeuré vivace dans les assemblées internationales.

Les deux sous-secrétaires sont : un Italien, M. Attolico, et un Japonais, M. Nitobe.

Au-dessous de cette trinité, dominée elle-même par sir Eric, le cercle des directeurs ou des chefs de sections, lesquels président chacun aux destinées d'une sorte de département ministériel : section politique, section financière et économique, section du transit, section du désarmement, section d'hygiène, commission de coopération intellectuelle, section juridique, section d'information, etc.

Deux Français dirigent deux des plus importants départements de la S. D. N. : le département politique et le département de l'information.

M. Mantoux pour diriger le premier n'a eu qu'à compléter sa haute culture première par la fréquentation des Conseils suprêmes dont il fut, avec Camerlynk, le suprême interprète. Il est le sage par excellence, celui dont le flair et les conseils avisés écartent de la Société des Nations, comme du berceau d'un enfant, les dangereuses menaces.

Pierre Comert, normalien, journaliste, diplomate, dirige avec compétence le difficile service des informations avec l'aide d'une pléiade de jeunes hommes intelligents et instruits : — Hoden (France), Sweetzer (États-Unis), Cummings (Grande-Bretagne), Blondel

(Belgique), Brucoleri (Italie), Pla (Espagne), Nogueira (Amérique latine), Leyman (Pologne), Ganzoni, etc...

***

Au-dessous de ce cercle, viennent les membres du secrétariat, collaborateurs triés sur le volet de chaque pays. Pour entrer dans leur compagnie, il faut parler et écrire pour le moins les deux langues officielles de la Société des Nations : le français et l'anglais. En fait, ce personnel appartient à plus de trente pays différents.

Imaginez ce que serait une administration en France ou un ministère dans lequel seraient condamnés à travailler en commun des fonctionnaires appartenant à une trentaine de nationalités.

Le miracle de la machine à faire la paix, c'est d'avoir fait surgir de cette diversité de gens, de langues, d'éducations, de tendances, une unité de travail et de méthode incomparable et d'avoir fourni un rendement supérieur à la plupart des administrations existantes. On risquait d'avoir bâti une Babel, on a fait une machine qui marche tantôt bien, tantôt au ralenti, jamais mal ; et le moteur tourne depuis cinq ans !

***

'Au total, 475 personnes font marcher cette usine, avancer la machine : 75 classées parmi le personnel supérieur et moyen, 400 parmi le personnel masculin et féminin des interprètes, traducteurs, secrétaires, sténodactylographes, ronéotypistes, etc...

Il va de soi que l'emploi d'une seule langue officielle permettrait de réduire sensiblement un personnel qui n'égale pas — soit dit en passant — le personnel d'un cuirassé moderne. Lorsque M. Mussolini exige du secrétariat de la Société des Nations qu'il fasse une place plus large à ses compatriotes, il est poussé sans doute par un bon naturel, mais il oublie sans doute le petit détail des deux langues, ou bien il ambitionne de les remplacer par la sienne.

Vaines critiques, vains propos, qui n'empêchent point la machine de faire lentement sa paix, mue par une force plus puissante que celle des dictatures : l'Idée.


V


**Les gardiens de la paix.**

Il faut rendre à César ce qui appartient à César et aux dessinateurs Derso et Kellen le titre amusant dont ils parèrent l'an dernier un album consacré aux « gardiens de la paix ».

Car il n'y a point que les journalistes qui gravitent autour de l'Assemblée de Genève. On y voit des hommes d'État en disponibilité ; des évêques *in partibus*, des parlementaires de passage, des brasseurs d'affaires internationaux. L'un de ces derniers que je m'étonnais de rencontrer dans les galeries de l'Assemblée, me dit un jour en me désignant avec effronterie les crânes des délégués :

— Moi, je viens voir mes clients !

Tractations de pétroles, courtages de publicité, simples « tapages », Genève, à ce moment de l'année, est le nombril du monde, un nombril que le monde regarde avec ou sans complaisance et les dessinateurs plus expertement que les autres.

Derso et Kellen sont parmi tant d'yeux les plus cruellement observateurs.

Un jour qu'ils avaient affiché dans les couloirs de l'Assemblée une caricature du Conseil de la Société des Nations, dans laquelle Mlle Hélène Vacaresco était représentée avec quelque impertinence, ce fut un beau scandale. La délégation roumaine prenant fait et cause pour l'éminente femme de lettres, s'efforça d'obtenir du secrétariat l'interdiction de l'exposition du dessin irrespectueux ; il fallut l'intervention de la presse, et surtout l'indulgente bonne grâce de Mlle Vacaresco elle-même pour que les droits de la caricature fussent sauvegardés.

Quelle mine inépuisable en effet que ces réunions internationales, pour des artistes ! Toutes les races, tous les types, tous les tics passent devant les yeux. Il faudrait être aveugle pour ne point voir.

Voulez-vous de purs spécimens de la Carrière avec un grand C ? Permettez que je vous présente au hasard S. Exc. Albert Mensdorff-Pouilly-Dietrichstein, délégué de l'Autriche, très digne dans le malheur de son pays, modeste dans le succès, au sourire et à la parole si joliment français. Le comte représente la diplomatie traditionnelle.

Mais voici les diplomates de la nouvelle génération, ni moins fiers, ni moins brillants, dont les noms ont franchi les frontières ; M. Benès, ministre des Affaires étrangères de Tchécoslovaquie, champion de l'Europe nouvelle, et son ami M. Osusky, ambassadeur à Paris, au profil romain ; M. Motta, chef du département politique de la libre Helvétie, en qui trois cultures, italienne, allemande et française ont déposé un fonds de si clair bon sens sans en apaiser toutes les ardeurs.

M. Ador, prince des présidents, miracle d'autorité et de douceur...

Préférez-vous des journalistes ? Ils le sont presque tous dans cette salle. Qui n'a point commis un petit article dans sa vie ? Plusieurs, on ne sait pourquoi, aiment l'oublier.

Mais un homme comme Paul Hymans s'en targue volontiers. Journaliste, il l'est demeuré puisque jusqu'à son récent avènement au département des Affaires étrangères de Belgique, il écrivait, chaque semaine, au *Soir* de Bruxelles. Et journaliste, il pourra redevenir, qui sait ?

L'aventure de son compatriote, M. le sénateur **Lafontaine**, est une leçon pour beaucoup de confrères. En 1920, le sénateur belge M. Lafontaine fut un des trois délégués de son pays. Pacifiste militant, ces deux termes ne sont pas à ce qu'il paraît contradictoires, M. Lafontaine déploya à Genève ce qu'on est convenu d'appeler une louable activité, ce qui n'empêcha point son gouvernement, l'an suivant, de se priver de ses services.

Croyez-vous que le sénateur Lafontaine **déserta** Genève? Pas le moins du monde. Au mois de septembre suivant, il réapparaissait mais cette fois dans la tribune de la presse, ayant perdu son auréole de délégué mais reconquis le droit de dire à peu près tout ce qu'il pensait, même de son pays.

*<br>* *

Aimez-vous la fréquentation des gens calmes, à l'esprit ordonné comme un mouvement d'horlogerie, dialecticiens dans leurs discours, au geste sobre, secs comme des théorèmes, mais dont la conviction emporte irrésistiblement la vôtre? Écoutez un juriste comme M. Scialoja, délégué d'Italie, célèbre universitaire, ou comme M. Henri Rolin, espoir de la Belgique libérale.

Au contraire, vos préférences vont-elles aux tempéraments chauds, aux gens diserts, à la parole vibrante comme le geste? Voici, pour vous plaire, un grand choix de transatlantiques.

L'Amérique du Sud vous envoie pour la circonstance des délégués de choix. Le Brésil est représenté à Genève, en permanence, par un as de la diplomatie : M. Afranio de Mello-Franco, ancien ministre d'État, qui eut naguère pour prédécesseur un homme en tous points exquis, prématurément frappé par la maladie, M. da Cunha. C'est celui-là même qui dit un jour à un délégué européen dont une parole grossière l'avait blessé :

— Monsieur, nous n'avons pas gardé les cochons ensemble, je suppose.

...Et qui, pour se consoler, rencontrant l'instant d'après le premier journaliste venu, lui disait en chantant :

— Venez, petit, goûter un petit café de môn pays avec moâ !

Le Chili, très chic, nous a donné M. Edwards, ambassadeur à Londres, directeur des cinq plus grands journaux chiliens, dont la souple élégance se joue de tous les obstacles.

L'Uruguay, M. Fernandez y Medina, une des intelligences les plus avisées du monde américano-latin, dont l'étoile grandit tous les jours dans le ciel international.

Cuba, M. della Torriente, qui fut le président de l'Assemblée de 1923, un peu malgré lui.

La Colombie, M. Urrutia dont le regard, posé sur une triple poche, fouille les moindres secrets de l'organisation de Genève. Son prédécesseur, M. Restrepo, fut un transatlantique à nul autre pareil. Cet homme de bien avait une indépendance de langage évidemment incompatible avec les habitudes des grandes assemblées.

Un jour, pénétrant dans une commission qui s'occupait du transit et des communications, il apostropha ses collègues à peu près en ces termes (je m'excuse de ne pouvoir traduire son ineffable accent) :

« Messieurs, dit-il, se souvenant d'*Hernani*, vous faites une besogne que j'oserai qualifier de byzantine ; et si l'ombre d'Adam Smith revenait parmi vous, savez-vous ce qu'elle ferait?... Eh bien, elle f...rait le camp, c'est Restrepo qui vous le dit ! »

****

Je n'aurai garde d'oublier dans la galerie des trans-atlantiques celui que tout Genève nomme : le grand électeur. Son nom véritable est Aguerro y Bethancourt. Mais en dépit de la première partie de son nom, M. Aguerro y Bethancourt, délégué de Cuba, est le plus pacifique des hommes. En fait de guerre, M. Aguerro ne connaît que la guerre des couloirs et les campagnes électorales.

Nul ne sait mieux que lui « travailler » un collège électoral, « cuisiner » une commission, voire même une assemblée. Il connaît l'art parlementaire « dans tous les coins » et pourrait en remontrer à tous les Saumande de notre parlement.

*<br>* *

Point d'uniformes militaires à la Société des Nations. Il convient qu'une organisation, dirigée vers le désarmement, dépouille tout appareil militaire. Malgré cela beaucoup d'officiers de terre et de mer sont présents. Ils sont là en qualité d'experts ou de conseillers, étant membres, pour la plupart, de la commission permanente militaire, navale et aérienne établie auprès de la Société des Nations.

On a vu naguère se promener dans Genève le maréchal Fayolle en civil ; on y voit encore, et jamais trop, le colonel Requin et le commandant de marine Deleuze, dont on ne sait s'ils sont plus militaires que diplomates ou réciproquement, mais qui, en tous cas, représentent dignement là-bas l'armée et la marine de leur pays.

*<br>* *

Le groupe anglo-saxon est le plus nombreux à l'Assemblée puisque, par un phénomène que nous essaierons d'expliquer plus loin, les Dominions sont indifféremment représentées par des délégués anglais ou par des indigène .

Grâce à ce tour de passe-passe, on compte dans le

personnel des délégations de Genève un certain nombre de personnages interchangeables.

Je me borne à noter pour l'instant lord Robert Cecil, successivement premier délégué de l'Afrique du Sud et de la Grande-Bretagne.

Une figure dominait tout ce groupe jusqu'au début de 1923, celle de lord Balfour, que l'Assemblée tout entière écoutait comme un oracle, lorsque, le corps long penché vers l'auditoire, les mains derrière le dos, les yeux fixés droit devant lui, M. Balfour parlait au nom de l'Empire.

— Mon éminent ami, M. Léon Bourgeois, disait-il...

A quoi une autre voix, un peu plus voilée que la sienne, répondait invariablement :

— Mon éminent ami, M. Balfour...

C'était au temps où il semblait que l'amitié de deux illustres vieillards aurait pu asseoir définitivement la paix du monde, comme elle avait réglé l'affaire de Haute-Silésie.

*<br>* *

D'autres qui ne sont point interchangeables, mais qui changent souvent et presque toujours contre leur propre gré, ce sont les Balkaniques.

Un jour, c'était dans l'été de 1923, pendant la première conférence de Lausanne, toutes les délégations se promenaient, excursion officielle avec thé, gâteaux officiels, etc., sur le lac Léman. Je devisais avec M. Théodore Théodoroff, délégué de la Bulgarie tant à Lausanne qu'à Genève. Nous parlions de Stambouliski, dont M. Théodoroff était l'ami connu.

— Son gouvernement est-il fort? demandions-nous à Théodoroff.

Et j'entends encore le bon rire du délégué bulgare, plein d'une si belle confiance, que nous n'osâmes pas insister.

Le soir en rentrant à son hôtel, Théodore Théodoroff apprenait l'assassinat de son ami Stambouliski et sa propre destitution.

Théodoroff crayonne aujourd'hui les silhouettes de ses anciens collègues dans les réunions internationales, comme Derso, Kellen, Roth, etc. ; heureusement, il avait un violon d'Ingres !

***

M. Streit, ancien ministre de Constantin de Grèce, prodiguait encore ses sourires de rescapé à Genève, comme premier délégué de son pays, lorsque son illustre complice le roi Constantin dut fuir devant la révolution. Menacé de mort au cas où il fût rentré à Athènes, le premier délégué de Grèce erra en Suisse, bien au delà de l'Assemblée.

Autre exemple. En 1920, M. Take Jonesco, chef du gouvernement libéral roumain délègue à Genève son propre frère, et cet autre Roumain délicieux pour qui l'Europe, la France, Paris n'ont point de secrets, M. Jancovici. L'année suivante, changement à vue total : la Roumanie conservatrice, riche en hommes de talents, délègue M. Titulesco. Dieu merci ! la politique épargne Mlle Hélène Vacaresco qui assure devant le monde la continuité de la politique roumaine au regard des grands problèmes de la charité et de la pensée littéraire.

Alphonse Allais avait proposé de résoudre la question des Balkans en les précipitant dans les Détroits. On a jeté les Balkans dans le lac à Genève. Ils ne s'y sont ni noyés, ni reconnus, ni réconciliés.

***

L'Orient aussi est là, et n'y est point dépaysé.

Ceux qui viennent du lointain pays de Mme Chrysanthème, les Japonais vivent à la Société des Nations comme s'ils étaient chez eux ; ils y sont, comme disent les Anglais, « confortables ».

C'est probablement parce qu'ils ont pris, dès le début, l'affaire au sérieux. A la vérité aucune délégation n'est plus nombreuse ; aucune n'envoie plus de télégrammes à son gouvernement et à plus de frais, naturellement. Aucune n'organise plus de réceptions, à l'exception peut-être de Son Altesse le Maharadjah Jan Saheb of Nawanagar.

Grand, taillé en hercule, beau parleur, Son Altesse, délégué de l'Inde, dépense à chaque Assemblée une fortune pour traiter à sa table les représentants des cinquante-quatre nations présentes.

L'Éthiopie, plus discrète et plus pauvre, nouvelle venue dans la Société, tresse des couronnes dans son coin à celui qui la fit admettre en dépit des Anglo-Saxons, à M. Henry de Jouvenel.

Enfin, comme s'il manquait un piment à cette bigarrure de peuples, voici le prince Dovleh, prince et poète qui, du fond de la Perse, vient chaque année réciter un poème auquel la traduction enlève régulièrement l'originalité.

*<br>* *

Ce grand homme, grand et sec, au regard fier et dur, au profil emprunté à un personnage du Greco, est un grand d'Espagne : M. le comte de Gimeno, premier délégué de son pays.

Il ne parle jamais de la latinité sans évoquer l'image nostalgique des continents lointains dont l'Espagne est demeurée l'*Alma Mater*.

Aussi grand par les qualités de la race, mais infiniment moins dur et moins fier, cet homme rond, aux yeux si mobiles et si malicieux, c'est M. Quinones de Leon, ambassadeur d'Espagne à Paris, ami du roi, le plus Parisien des Madrilènes. Si vous en doutez, allez visiter le chef-d'œuvre de goût qui s'appelle l'ambassade d'Espagne dans l'avenue George V. Elle est, de la cave au grenier, l'œuvre de M. Quinones de Leon.

On ne le voit jamais à Genève, pas plus qu'à Paris, qu'escorté de ses deux fidèles lieutenants MM. Crestobal Botella et de la Huerta.

***

Bien Latins aussi, ces deux hommes voisins qui se chamaillent depuis le début de la séance.

L'un est M. Salandra, ancien président du Conseil italien. Il est gros, souriant, avenant et reluisant comme un chanoine de Latran. Son voisin est plus jeune ; c'est M. Giuratti, ami et collaborateur de M. Mussolini, l'œil du maître à Genève.

Depuis le début de la discussion publique qui roule sur les conséquences juridiques de l'affaire de Corfou, M. Giuratti, dont le tempérament est décidément plus jeune que l'âge, s'agite sur son siège, se tourne vers M. Salandra et lui parle, semble-t-il, sans aménité. Il doit presser le brave chanoine d'interrompre l'orateur à la tribune au nom de l'Italie fasciste... Le chanoine sourit... et n'interrompt pas.

Le bouillant M. Giuratti récidive ; nouveau sourire indulgent du chanoine qui en a vu et entendu bien d'autres au cours de sa longue carrière politique.

Alors tout à coup, M. Giuratti se lève, comme un diable mû par un ressort, et dégoûté, quitte ost nsiblement la salle. L'honneur est sauf.


# VI

**Une « boîte anglaise? »**

Un jour qu'il était de mauvaise humeur, M. René Viviani, alors délégué de la France à Genève, a dit de la Société des Nations : « C'est une boîte anglaise ! »

Il en a dit bien d'autres, M. René Viviani, quand il était de mauvaise humeur, ce qui lui arrivait assez souvent. Mais n'était-ce point le même homme politique qui, à l'issue d'un banquet sud-américain, à Genève, après l'Assemblée de 1921, invitait tous les délégués présents à faire le serment de faire connaître par la parole et par la plume les bienfaits de la Société des Nations? Dira-t-on que M. Viviani fut ce jour-là vendu à l'Angleterre?

La question est assez troublante, j'en conviens.

Je ne dissimule pas que je me suis rendu naguère à Genève avec la certitude que j'allais visiter, comme l'a écrit M. Eugène Lautier dans *l'Homme libre,* une « succursale du Foreign Office ».

J'ai raconté plus haut combien mes premières impressions, en arrivant à l'Assemblée, furent peu favorables : majorité de personnel anglais gravitant autour d'un secrétaire général anglais, une bureaucratie portant toutes les marques extérieures du Civil Service Corps, une représentation britannique au sein de l'Assemblée atteignant une proportion de sept contre un pour nous, Français... J'étais troublé.

Je le suis beaucoup moins, d'abord à cause de ce que j'ai vu, et aussi parce que j'ai entendu d'excellents Français occupant — aux côtés de M. Viviani lui-même — une situation pleine de responsabilités mettre, comme on dit, les choses au point.

M. Joseph Barthélemy, député du Gers, professeur à la Faculté de droit de Paris, qui fut membre de la délégation française à Genève, est de ceux dont le langage m'a paru en cette matière le plus instructif.

Gascon, M. Joseph Barthélemy aime les arêtes vives et les affirmations nettes. Je crois bien qu'on l'aimait autant dans les réunions de Genève pour la clarté et la franchise de son langage que pour sa science juridique, qui est grande.

— C'est vrai, m'a dit M. Joseph Barthélemy, il y a

des apparences, des formes extérieures, des privilèges qui peuvent faire croire que les rédacteurs du traité de Versailles se sont ingéniés à faire de l'institution sortie du pacte un instrument d'influence pour notre grande amie et alliée.

Je vais tout vous dire, je n'ai ni préjugé, ni parti pris.

Vous m'avez cité le cas Eric Drummond. Parlons-en en effet. Ainsi, c'est un Anglais, par la volonté expresse du traité de Versailles qui se trouve à la tête de la bureaucratie internationale, dont le rôle est d'autant plus important que les maîtres théoriques de la Société, l'Assemblée et le Conseil, le Parlement et le Gouvernement, sont normalement dispersés aux quatre coins du monde. Tout cela est parfaitement exact. Mais d'abord, on ne pouvait pas charger de ces importantes fonctions un *heimatlos*, un sans-patrie. Et puis, la France n'a peut-être pas très bonne grâce à se plaindre ; elle a, en effet, le secrétaire général adjoint, M. Avenol ; le chef du bureau international du travail, M. Albert Thomas ; et encore d'autres postes importants. Avec bonne grâce, mais sans détours et chiffres à l'appui, M. Mussolini a fait observer que la Société des Nations est une institution franco-anglaise, que l'Italie n'a pas sa part, qu'elle entend l'avoir ou la prendre.

— Passe encore pour le cas de sir Eric Drummond, monsieur Barthélemy. Mais où le privilège anglais étonne, choque, il faut bien le reconnaître, l'opinion publique de la France et du monde, c'est à l'Assemblée.

— Bien sûr, *a priori*, cette surprise est légitime. Le pacte a posé, en effet, le principe démocratique de l'égalité des nations : un État, une voix. La voix du prince Arfah, délégué de la Perse, annule, on l'a bien vu, la voix de M. Léon Bourgeois, représentant de la France. Mais l'Angleterre a su tourner la difficulté de la façon la plus élégante. Chacun des dominions qui, cependant, n'a pas de personnalité internationale, qui n'a pas de relations directes avec les autres États, qui ne jouit pas du droit de légation actif ou passif, a cependant une représentation et une voix à l'Assemblée de Genève ; de telle sorte qu'en y ajoutant l'Irlande, l'Empire britannique dispose en réalité de sept voix quand la France n'en a qu'une. La composition de certaines délégations est bien faite pour aiguiser la surprise des non-initiés. En 1922, le représentant le plus marquant de l'Afrique du Sud, c'est lord Robert Cecil, fils de Salisbury, Anglais d'Angleterre. A-t-il seulement jamais vu l'Afrique du Sud? Son second est M. Gilbert Murray, professeur de grec à l'Université d'Oxford et Australien d'origine. Le vicomte Chelsmford et lord Hardinge, anciens vice-rois des Indes, en ont été successivement les premiers délégués. Ces parfaits gentlemen auraient-ils été cependant choisis par les masses hindoues pour exprimer leurs aspirations et leurs vœux? Le représentant de la Nouvelle-Zélande répétait à qui voulait l'entendre que, quand il s'était dirigé vers ce lointain dominion, il ne s'en était jamais rapproché à moins de six mille milles.

Le privilège existe. Ce n'est pas douteux. La vraie question, la question politique, est de savoir s'il est grave et surtout s'il est *enviable*.

C'est un « fil de soie », croyez-moi, sur lequel il ne faudrait pas tirer trop fort, qui unit certains dominions à la métropole. Le Canada est un allié plutôt qu'un subordonné de l'Angleterre. Il a une représentation à Washington et conclut des traités de commerce. N'allez pas dire à sir Lomer Gouin, ministre de la Justice, qu'il est Anglais et qu'il doit obéir aux ordres de Downing street. Avec sa physionomie d'homme de loi du temps de Berryer et de Lachaud, il vous ferait cette réponse agrémentée d'accent picard, qu'il est Canadien. Il ajouterait que c'est de sa seule volonté et par loyalisme traditionnel que son pays respecte le lien qui l'unit à l'Empire britannique. En faisant admettre l'Irlande à l'Assemblée sur le même pied qu'elle-même, la Grande-Bretagne s'est-elle donnée une voix de plus ou une voix de moins? C'est une question que l'avenir résoudra. Pour le moment, on en est aux douceurs, un peu amères, de la réconciliation. La voix de l'Irlande annulera peut-être un jour celle de l'Angleterre. D'ailleurs, le fait ne serait pas sans précédent ; dans une question de crédit demandé par la France et combattu par l'Angleterre, le maharajah de Nawanagar a voté *yes* alors que l'Angleterre répondait non.

Il faut bien se rendre compte qu'il a plu à l'Angleterre de jouer, pour se procurer des avantages immédiats et hypothétiques, un jeu hardi et qui n'est pas sans danger profond pour l'avenir. Les dominions et l'Irlande, en siégeant à l'Assemblée, prennent des garanties contre la métropole elle-même. Lorsque l'Égypte pourra faire entendre sa voix, la Grande-Bretagne en sera peut-être aussi souvent gênée qu'aidée. Quel intérêt aurait la France à faire représenter à Genève les grands féodaux du Maroc, le bey de Tunis, le roi du Cambodge, le prince d'Annam? Qu'il plaise à l'Angleterre, comme le disait un jour Eugène Lautier, d'amener avec elle le roi de Lahore, le Grand Mogol et la reine de Saba, libre à elle ! mais gardons-nous de l'imiter.

— Ainsi vous ne pensez point, monsieur, que la France soit à Genève en état d'infériorité par rapport à la Grande-Bretagne?

— La France, monsieur, tient dans ses mains, à Genève, une carte excellente. Si elle veut et sait la jouer, elle gagnera sûrement la partie. Seule, l'ignorance des faits les plus évidents fait dire que notre pays ne joue pas à Genève le rôle qui doit être le sien. Elle a autour d'elle des amitiés aussi solides que si elles étaient constituées par des liens d'allégeance juridique. Certes, et c'est une constatation qui peut être universelle, mais qui se con-crétise à l'Assemblée de Genève, la France et l'Angle-terre, si elles sont unies, exercent sur le monde la dictature de la raison, de la justice, de la modération et du bon sens? Mais si un nuage s'élève, la France est bien loin d'être isolée.

Nous ne devons attendre de la Société des Nations ni toutes les réparations ni toutes les sécurités. Nous ne devons pas soumettre à cet aréopage le principe de nos relations avec l'Allemagne : il est posé, indestructiblement posé par les traités. Mais s'il s'agissait seulement de moyens d'exécution, d'un système de crédit et de prêts internationaux, pourquoi bouder systématiquement contre un organisme qui a fait ses preuves?

Nous vivons à une époque tellement exceptionnelle que les vieux moyens apparaissent comme singulièrement insuffisants en présence de l'énormité des problèmes. Que mes amis modérés évitent de tomber dans la haine systématique de ce qui est nouveau ; qu'ils ne laissent pas aux extrêmes de gauche le monopole de l'attachement à une institution qui existe et qui est un instrument d'exécution nécessaire des traités qui règlent l'état actuel du monde depuis celui de Versailles jusqu'à celui de Lausanne.

Un personnage d'Anatole France réserve sa critique devant des formes nouvelles de littérature et d'art, dans la crainte d'offenser une beauté future. De notre côté, considérons avec prudence, mais sans parti pris, une institution qui est, tout au moins, un grand devenir.

— Jéhovah vous entende, monsieur le délégué, et aussi votre propre pays.

VII

**L'équipe française.**

En ce temps où le sport prime la politique — et quel Français oserait s'en plaindre? — beaucoup de braves gens s'imaginent qu'il est plus difficile de former une bonne équipe olympique que de désigner une honorable

4

délégation auprès d'une conférence diplomatique ou d'une assemblée internationale.

C'est assurément une opinion qui peut se défendre ; mais ce n'est point la nôtre. Trop de fois, à l'occasion des nombreuses conférences — une douzaine au minimum — auxquelles il nous a été donné d'assister depuis la guerre, nous avons vu les délégations à l'œuvre et suivi le cours de leurs travaux pour que nous ne soyons point convaincu de l'utilité, de la nécessité impérieuse, nationale de les bien choisir.

Sans doute il faut, pour vaincre dans le stade, des qualités maîtresses, une longue préparation, la force et l'adresse servies par une volonté de fer.

Mais croit-on que dans l'arène diplomatique internationale ne se livrent point des luttes beaucoup plus importantes exigeant des qualités pour le moins aussi précieuses que celles exigées de l'athlète?

Une défaillance au cours d'une olympiade peut être rachetée, dans l'olympiade qui suit, par une victoire.

Mais, dans une conférence, une imprévision, une faute de manœuvres peut mettre pendant beaucoup plus de temps et sans aucun doute plus gravement en péril le bon renom et les intérêts supérieurs d'un pays.

Mettons en fait que pour être un bon délégué, il faut avoir un bon estomac, une connaissance aussi complète que possible des sujets que l'on traite, assez d'éloquence pour le démontrer au public et pour le moins une aptitude à acquérir une certaine expérience des milieux internationaux. A cette fin, un peu de géographie et un tantinet d'histoire ne sont pas inutiles. La connaissance d'une langue étrangère ajoute certainement à l'auréole du délégué.

*<br>* *

Il va sans dire que l'équipe française à Genève a toujours possédé ces qualités et quelques autres par surcroît.

On la peut diviser en trois catégories, une de moins qu'au rugby : la permanente, la temporaire, la liaison.

Il n'existe à la vérité qu'un délégué de la France qui puisse en permanence revendiquer légitimement ce titre : c'est M. Léon Bourgeois.

Les programmes officiels édités au début de chaque assemblée nomment « S. Exc. M. Léon Bourgeois, ancien président du Sénat, représentant de la République française au Conseil de la Société des Nations ». Lui seul possède un mandat qui n'a point besoin d'être renouvelé ; lui seul peut se présenter avec son titre devant le collège électoral. Les autres — chaque pays compte trois délégués aux Assemblées, sans compter les suppléants, les conseillers et les experts — sont chaque année à la merci de leur gouvernement.

C'est ainsi que M. Jean Hennessy, ayant certain jour cessé de vivre en bonne intelligence avec M. Poincaré, ne vit point renouveler son mandat de délégué suppléant.

C'est donc M. Léon Bourgeois qui représente officiellement la France depuis la fondation de la Société. N'en fut-il pas l'un des membres fondateurs, ayant largement contribué, lors de la Conférence de la Paix, à donner un corps au rêve de toute sa vie?

Ce rêve, M. Léon Bourgeois ne l'a pas réalisé complètement. Il avait souhaité, fidèle interprète de son pays, que la Société des Nations fût dotée d'une force qui ne fût point seulement morale. L'idéologie de M. Wilson et de ses amis anglo-saxons a eu, sur ce point, raison du clair bon sens et du réalisme de l'auteur de *Solidarité*.

Cet incident n'a point détourné M. Léon Bourgeois de se dévouer complètement à la mission qui lui était confiée. En dépit d'une santé chancelante, soutenu par une volonté inébranlable et toujours accompagné de sa lucide intelligence, M. Léon Bourgeois n'a jamais manqué depuis 1920 de paraître dans une Assemblée de Genève.

Sa popularité y est telle que lorsqu'il fait son entrée

dans la salle des séances, appuyé maintenant au bras de son fidèle ami M. Aimé Leroy, l'Assemblée éclate en applaudissements pour témoigner sa joie de l'avoir retrouvé.

S'il arrive qu'il soit empêché par son état de santé de vivre momentanément parmi ses collègues, ce sont ses collègues qui viennent à lui, et le Vieux-Plongeon ou toute autre de ses résidences devient pendant le séjour de M. Léon Bourgeois le lieu de rendez-vous le plus fréquenté de Genève et celui où se traitent les plus délicates questions de politique internationale.

Chefs de délégations, chefs de gouvernements, ministres des Affaires étrangères, fonctionnaires, journalistes, viennent tour à tour puiser à cette source de lumière et s'en vont éclairés, réconfortés.

M. Léon Bourgeois, à Genève, c'est le *Petit Père* de la Société des Nations.

*<br>* *

Les deux collaborateurs immédiats de M. Léon Bourgeois en 1923 furent MM. Gabriel Hanotaux et M. Albert-François Lebrun.

En fait, S. Exc. M. Gabriel Hanotaux, membre de l'Académie française, ancien ministre des Affaires étrangères, exerçait la présidence de la délégation dont M. Bourgeois demeurait le directeur et le conseil.

Il s'en tirait, ma foi, fort bien, ayant toujours accoutumé, de par sa profession d'historien, de se tenir au courant de tous les événements contemporains et de n'user de la parole qu'à bon escient.

Quant à M. le sénateur Lebrun, ancien ministre, ami personnel de M. Raymond Poincaré, il remplaçait M. René Viviani, retenu loin de Genève par une maladie rebelle. On avait craint que la succession ne fût un peu lourde pour les épaules de M. Lebrun, mais bientôt tous les milieux de Genève reconnurent que l'amitié d'un grand homme n'avait point seule désigné M. Lebrun au poste de délégué de la France.

Sans efforts, l'honorable représentant de la Meurthe-et-Moselle eut vite fait de conquérir l'estime de l'Assemblée et de ses commissions.

Il avait la tâche spéciale et redoutable de représenter son pays à la Commission pour la réduction des armements. Cette tâche ne fut pas au-dessus de ses forces ni de son talent et avant que la Commission eût terminé ses travaux, M. Lebrun, ancien premier de Polytechnique, ancien ministre de la Guerre, était devenu l'émule des lord Robert Cecil et des Branting.

Tâches et gloires éphémères ! L'année 1924, qui vit un Onze Mai historique, nous a donné une délégation française presque entièrement renouvelée. Le seul survivant fut M. Henry de Jouvenel.

Le jeune sénateur, qui était venu à Genève pour la première fois en 1922, fut et est demeuré dans la catégorie des délégués suppléants. Aucun déshonneur à cela ; uniquement quelques susceptibilités à ménager... La politique est une école de patience.

Appelé en 1922 à la Commission du désarmement, c'est lui qui fit le premier reconnaître par une assemblée internationale le bien fondé de la thèse française qui lia toujours la question de la sécurité à celle des réparations ; lui qui, joutant, et avec quel esprit, avec le comte Cecil, obligea cet homme foncièrement honnête à reconnaître, conformément au vœu français, que les accords régionaux, loin de gêner un projet de pacte de garantie mutuelle, le préparent et le rendent possible. Oserons-nous dire que ses intentions ne furent pas toujours comprises ni récompensées par le gouvernement français d'alors et que si la France triompha finalement à

Genève en cette matière, ce fut parfois en dépit d'elle-même.

*<br>* *

Quand la composition de la délégation française à l'Assemblée de 1924 fut rendue publique, il y eut quelque émotion dans le Landerneau politique et diplomatique.

Dans tous les partis, en France et à l'étranger, on considéra comme un événement de la plus grande importance la désignation d'hommes tels que MM. Briand, Paul-Boncour, délégués aux côtés de M. Léon Bourgeois, inamovible ; de MM. Loucheur, Henry de Jouvenel, déjà nommés, Maurice Sarraut, sénateur, directeur de la *Dépêche de Toulouse*, délégués adjoints ; enfin, de MM. Georges Bonnet, député de la Dordogne, un de nos plus jeunes conseillers d'État, Léon Jouhaux, porte-parole des syndicalistes français ; René Cassin, représentant les anciens combattants.

Jamais aucune équipe n'avait contenu tant et de si grandes valeurs à la fois et on eut le pressentiment que la France se proposait de jouer une belle partie à Genève.

Cette partie, la délégation française l'a jouée et elle l'a gagnée. M. Aristide Briand fut, conformément aux prévisions, un gardien de but remarquable. Réservé, simple observateur au début, flairant le vent, jaugeant d'un œil apparemment distrait hommes et gens, il se révéla à son heure et fut alors égal au Briand des bons jours.

MM. Loucheur, Paul-Boncour et Henry de Jouvenel, furent des avants toujours en mouvement, rapides, alertes, souples, très « sport », cependant que Maurice Sarraut, avant son funeste accident, Léon Jouhaux, Georges Bonnet, Cassin et la cohorte de leurs collaborateurs donnaient, l'un l'appui d'une activité intelligente, sans cesse en éveil, l'autre celui d'une éloquence chaude et nourrie, un autre le concours de son expérience internationale (Deuxième d'Amsterdam), un autre, le don d'un sens politique avisé, un autre enfin, l'adhésion enthousiaste des centaines de milliers de combattants et de mutilés qui veulent empêcher qu'on « remette ça ».

****

Telle fut l'équipe de 1924.

Quant au manager de l'équipe, à celui qui eut la peine de la former, de l'instruire et, lorsqu'elle était en action, d'être son agent de liaison avec Paris... La prochaine fois que vous visiterez le tombeau de l'Empereur aux Invalides, ne quittez pas ce lieu auguste sans avoir demandé au planton de service où se trouve le corridor d'Arles. Si, dans le labyrinthe des Invalides, vous avez la chance de le trouver, vous pourrez lire sur un des murs cette inscription : « Service français de la Société des Nations. »

C'est là. Frappez.

Autrefois, un garde-magasin militaire, en chaussures de repos, vous eût ouvert, grognon. Vous aurez affaire aujourd'hui à un garçon de bureau du ministère des Affaires étrangères.

Dites-lui que vous venez voir M. le comte Clauzel.

Sans plus attendre, vous serez introduit auprès d'un homme jeune, affable, qui vous tendra le premier la main, tout ministre plénipotentiaire qu'il est.

Prenez cette main et serrez-la avec cordialité. Elle est celle du manager de l'équipe de Genève, directeur du service français de la Société des Nations au quai d'Orsay.

## VIII

**Le sourire de Genève.**

Genève, une ville triste? Allons donc !

Je lui trouve, au contraire, à chacun de mes voyages, un nouveau sourire, parce que je découvre chaque fois dans ses rues de nouveaux visages de femmes.

Ce sont les femmes en effet qui donnent son sourire à Genève. Je ne parle point des dames de la ville, chacun sait qu'elles sont toutes charmantes, plaisantes et souriantes à souhait. Mais de celles qui, de toutes les parties du monde, apportent à Genève, Société des Nations, le tribut bigarré de leurs grâces et de leur savoir.

La Société des Nations a fait une large place aux femmes ; ainsi l'ont voulu les auteurs du traité de Versailles. Les rédacteurs du pacte qui a donné naissance à la Société n'ont créé aucune exception au détriment de la femme ; celle-ci peut aspirer à tous les postes officiels, soit à titre de déléguée, soit à titre de fonctionnaire.

Mieux encore, dans la partie XIII du traité qui constitue comme la Charte internationale du travail, les négociateurs ont formellement proclamé l'égalité des sexes devant la loi et les prérogatives internationales.

On pense bien que le mouvement féministe s'est emparé de cette magnifique occasion pour hâter l'heure des « libérations attendues ». En fait, les femmes ont obtenu à la Société des Nations des succès qui ne sont point négligeables et dont leur sexe peut être fier.

Il y a à Genève les femmes que l'on voit et les femmes dont on parle. Faisons, si vous le voulez bien, visite aux unes et aux autres.

*
**

Les femmes que l'on voit à Genève, ce sont d'abord, par ordre de grandeur ou d'importance, Mmes les déléguées.

Elles sont à la vérité peu nombreuses, et, je dois le dire à l'honneur de leur intelligence, généralement peu encombrantes.

On en comptait une demi-douzaine à l'Assemblée dernière dont aucune n'avait un grade plus élevé que celui de déléguée suppléante. Mais à présent que les femmes peuvent être commissaires-priseuses à Paris, n'exigeront-elles point d'être les commissaires de leurs gouvernements à Genève?

La France n'a pas eu jusqu'à ce jour de déléguée femme à la Société des Nations. Mais nous avons tout de même connu à Genève une Française tellement au courant des choses de la Société des Nations qu'on l'appelait l'Éminence grise de la délégation de son pays. C'était la pauvre Mlle Milliard, secrétaire de M. Léon Bourgeois, morte prématurément l'an dernier.

Les Anglais ont parmi eux « dame Edith Lyttleton » qui se contente d'écouter et de... sourire. Personne n'a jamais entendu le son de la voix de cette représentante d'un sexe qui passe pourtant pour être le plus bavard.

Les Danois, chez qui les femmes ont le droit d'élire et d'être élues, possèdent parmi eux une maîtresse femme, Mlle Henni Forchhammer, présidente du Conseil national des femmes danoises, une bonne petite vieille portant lunettes, que la tribune n'effraie point, ni les hommes, à ce qu'il semble.

Plus souriante est Mlle Kristine Élisabeth Bonnevie, docteur en philosophie, professeur à l'Université de Christiania. Cette charmante déléguée siège en outre au sein de la Commission de la coopération intellectuelle auprès de Mme Curie, laquelle est, on le sait, d'origine polonaise.

La délégation canadienne contenait l'an dernier deux jeunes femmes, secrétaires particulières des ministres de la Justice et des Chemins de fer.

Enfin, j'ai conservé pour le bouquet Mlle Hélène Vacaresco, collaboratrice assidue de toutes les délégations roumaines, qui consacre chaque année devant l'Assemblée des Nations son verbe d'or à la défense de ses compagnes déshéritées.

*<br>* *

Le sourire des dames déléguées est fugitif... comme leur mandat. Celui des charmantes fonctionnaires de la Société des Nations est, si j'ose dire, permanent.

Elles sont quelque deux cents jeunes filles et jeunes femmes, tant à la Société des Nations qu'au Bureau International du Travail, originaires d'à peu près toutes les nations du monde. Tous les genres de beauté sont, grâce à elles, représentées à Genève :

> Bleus ou noirs, tous aimés, tous beaux,
> Des yeux sans nombre ont vu l'aurore...

Et elles ne se contentent pas d'être presque toutes jolies, elles sont instruites. Elles ne sont d'ailleurs admises qu'après un concours sévère qui ferait pâlir bien des candidates au baccalauréat.

Il est parmi elles plusieurs catégories. Les unes sont secrétaires de section (assistant) et doivent posséder nécessairement deux langues, avoir une culture générale développée, posséder la sténographie et la dactylographie.

Les autres, dont la catégorie se nomme le Pool (que d'à peu près entendus à propos de ce pauvre pool !) sont simplement sténos ou dactylos dans une ou plusieurs langues. Ce ne sont point les moins douées, s'il faut en croire les résultats d'une enquête faite récemment par le B. I. T. (entendez : Bureau International du Travail), enquête qui a démontré que l'aptitude la meilleure pour devenir une bonne dactylographe est... l'intelligence (sharpness).

Nous n'en avions, en France, jamais douté !

Enfin, au bas de l'échelle sociale féminine à la Société des Nations, le bataillon des « girls » ronéotypistes, copistes, employées, etc.

*<br>* *

Ce qu'elles ont suscité de jalousies à Genève et à l'étranger, ça n'est pas croyable.

Lorsque les jeunes Genevoises ont vu ces demoiselles de Saint-Cyr — pardon ! — de Paris, de Londres, de Rome, de Buenos-Ayres, et d'autres lieux, arriver à Genève avec des salaires honorables, calculés sur le salaire des girls de Londres, elles ont failli mourir d'envie.

Je ne sais point s'il est vrai qu'au début de la vie de la Société des Nations certaines de ces fonctionnaires firent le jeu de leurs adversaires. On sourit, on rit même si facilement à vingt ans !

Ce que je sais, c'est qu'un jour leur directrice, une Mme de Maintenon britannique, crut devoir rappeler à ces demoiselles les dangers d'une jeunesse trop exubérante.

Je ne connais rien de plus ingénu que ce mandement féminin daté du 7 mai 1922 :

« DEAR GIRLS,

« ...Vivant dans une petite ville comme Genève où nous allons et venons sous les yeux du public ainsi que dans les diverses conférences où nos actions et notre conduite sont l'objet de commentaires, pas toujours amicaux, nous ne pouvons défendre trop jalousement l'honneur du secrétariat qui se confond inévitablement avec celui de la Ligue.

« ...Je fais un appel particulier à chacune d'entre vous pour vous rappeler l'importance de votre mission et que vos moindres gestes peuvent aider ou nuire à la Société des Nations.

« Soyez sûres que je ne m'exempte pas moi-même de la nécessité de méditer sur ces choses et d'en tenir compte pour l'avenir. Tenons le Pool au-dessus de toute critique ! »

Scrupules honorables... et superflus, car je n'ai pas besoin de dire qu'il n'y avait point à l'origine de cette démarche de quoi fouetter un chat. Mais il y a des misogynes partout, même dans les assemblées internationales. L'un d'eux ne s'avisa-t-il pas un jour de proposer à la Commission du budget que les demoiselles de la Société des Nations fussent obligées de porter uniforme?

Ce crime fut évité, grâce à la chevalerie de feu M. Georges Noblemaire, qui prononça contre la proposition saugrenue le réquisitoire le plus galant et le plus vibrant.

Voilà comment, grâce à l'intervention d'un délégué français, la Société des Nations, en l'an de grâce 1922, n'a pas été convertie en couvent et ses demoiselles en nonnes.

La France républicaine a des traditions et il est bon parfois que son anticléricalisme soit un article d'exportation.

IX

**La défense des désenchantées.**

Il y a, ai-je dit, à la Société des Nations, les femmes que l'on voit ; il y a aussi celles dont on parle. On a beaucoup parlé entre 1920 et 1922 à Genève des Désenchantées.

Pourquoi, comment la Société des Nations a-t-elle été amenée ainsi à s'occuper des femmes enfermées dans les harems, ou en d'autres lieux plus proches de nous?

Voilà ce que, je le sens, le public ne comprend pas très bien, et ce qu'il demande, n'est-il pas vrai, qu'on lui explique.

Quand j'ai moi-même demandé des explications, il m'a été répondu :

— Vous n'avez donc pas lu le pacte?

— ?...

— C'est dans le pacte... art. 23... Lisez plutôt :

J'ai lu :

« Sous la réserve, et en conformité des dispositions des conventions internationales actuellement existantes ou qui seront ultérieurement conclues, les membres de la Société :

« *a*) S'efforceront d'assurer et de maintenir des conditions de travail équitables et humaines pour l'homme (à toi, Albert Londres !), la femme et l'enfant...

« *c*) Chargent la Société (des Nations) du contrôle général des accords relatifs à la traite des femmes et des enfants...

« *f*) S'efforceront de prendre des mesures d'ordre international pour prévenir et combattre les maladies... »

Ainsi parlent les écritures.

La Société des Nations affirme qu'elle n'a fait en s'occupant du sexe faible, de tout le sexe faible, qu'appliquer l'article 23 précité dans son esprit et dans sa lettre.

*<br>* *

Ainsi est née ce qu'on a appelé en Turquie la « sacrilège histoire des harems ». Je vais vous la conter en bref.

A la fin de la guerre, la situation des femmes, des jeunes filles et des enfants dans le Proche-Orient est épouvantable. En Asie Mineure, à Constantinople, en Thrace, les déportations du bétail humain sévissent avec une violence inouïe. De cette situation, l'Assemblée de Genève de 1920 s'émeut et elle décide d'envoyer sur place une

Commission d'enquête ; le docteur Kennedy et miss Emma Guehman vont à Constantinople, miss Jeppe se rend à Alep.

Les uns et les autres rapportent bientôt de leur voyage des observations effroyables. Quelque 300 000 femmes, jeunes filles et enfants grecs ont été, assurent-ils, déportés. Plus de 50 pour 100 des enfants enfermés dans les orphelinats turcs ne sont que de pauvres petits prisonniers arméniens ; des femmes et des jeunes filles chrétiennes gémissent dans les harems ottomans.

Entre temps, la Commission de la Société des Nations a tout de même récupéré 2 300 enfants. C'est un premier résultat.

A l'Assemblée suivante, lord Balfour, interprète des communautés chrétiennes du globe, pousse un cri d'alarme à la tribune.

Et voici Mlle Hélène Vacaresco dénonçant, devant cinquante peuples assemblés, « l'avilissante langueur des harems ».

Elle s'écrie :

« Comme on demanderait vainement à ces femmes, à ces vierges polluées, d'oublier tout doucement, on les abrutit... Parmi toutes ces femmes, il en est qui, traitées par leurs bourreaux avec une douceur qui n'est qu'apparente, retournent quelquefois au harem. Il en est d'autres, et pour celles-là nulle compassion ne saurait être assez grande, qui ont goûté à notre civilisation, qui ont passé par les universités d'Occident, par les lycées américains et anglais de Constantinople, et qui, retournant dans leur pays, abomination des désolations, comme si la foudre tombait sur elles une nuit, parmi les cris et les flammes, sont enlevées à leur demeure et sont conduites dans cet enfer dont Dante a dit : Vous qui entrez, laissez ici toute espérance !

« D'autres ne pouvant survivre à une honte qu'elles n'ont pas voulue se jettent dans l'Euphrate ou dans les vagues de la mer. Ah ! que de beaux corps humiliés auront roulé de rives en rives par la mer de Trébizonde !»

Comment résister à pareille plaidoirie? L'Assemblée vota séance tenante une résolution en faveur de l'envoi d'un haut commissaire de la Société à Constantinople.

— Bravo ! direz-vous.

— Attendez la fin de l'histoire.

A peine la nouvelle de cette décision avait-elle été télégraphiée à l'étranger qu'elle était tournée en ridicule. Une partie de la presse européenne s'empressait de railler la Société des Nations pour avoir voulu dépêcher en Turquie un contrôleur des harems. Je vous fais grâce des plaisanteries faciles qui furent alors imprimées.

A Constantinople et à Angora, l'événement ainsi commenté provoquait autre chose que des sourires. La Société des Nations était accusée ni plus ni moins de vouloir attenter à la souveraineté de l'État, aux traditions religieuses de la Turquie, etc., etc.

Résultat : le prétendu contrôleur des harems ne fut jamais envoyé en Turquie.

C'est sans doute en pensant à cette ridicule histoire et à quelques autres du même genre, que M. Jules Destrée, ancien ministre des sciences et des arts de Belgique, conférenciant l'an dernier en Sorbonne, pouvait dire de la Société des Nations « qu'elle a reçu le baptême de l'ironie ».

<h1 style="text-align:center">X</h1>

**Celles qu'on traite.**

Il n'est point nécessaire d'être rosière pour mériter la sollicitude de la Société des Nations.

> Aux petits des oiseaux elle donne la pâture
> Et sa bonté s'étend sur toute la nature...

...Même aux natures excessives, aux Lampito qui se

cachent ou que l'on cache dans certaines maisons trop closes.

C'est le chapitre délicat de la lutte entreprise à Genève, au nom des mêmes principes que je rappelais plus haut contre la traite des femmes, des jeunes filles et des enfants, et par voie de conséquence contre les maisons de tolérance. Grave et pénible problème qui met aux prises dans les réunions de Genève, consacrées à cet objet, partisans et adversaires de la réglementation officielle.

La réglementation de la prostitution, voilà l'ennemie ! disent les Anglo-Saxons, les Scandinaves et le chœur de toutes les femmes.

— Pas le moins du monde, répondent d'autres pays et parmi eux la France. Il n'y a aucune relation entre la réglementation et la traite... Et puis laissez-nous gérer nos petites affaires en famille !

Résultat : nous passons, c'est un fait, aux yeux de beaucoup d'étrangers, pour favoriser sciemment le dévergondage des mœurs. Toutes les vieilles calomnies répandues autrefois contre nous par la propagande allemande se donnent à nouveau libre cours à cette occasion, et cela parce que nous ne voulons pas fermer nos maisons de tolérance.

Je lis dans un communiqué officiel de la Société des Nations du 17 avril 1924 :

« Au cours de sa session, la Commission, pour la répression de la traite des femmes et des enfants, s'est plus particulièrement occupée de la réglementation officielle des maisons de tolérance et de son influence sur la traite.

« A cet effet, elle a pris connaissance des quatorze réponses qui lui sont parvenues à la suite du questionnaire qu'elle avait adressé l'année dernière aux États membres de la Société.

« Dans ce questionnaire, la Commission demandait aux États qui ont aboli récemment le système de la réglementation les raisons pour lesquelles ils y avaient renoncé. Elle demandait également aux États qui l'ont conservé de lui faire savoir si à leur avis ce système était de nature à faciliter ou à entraver la traite des femmes et des enfants.

« Bien que le représentant de la France, — je continue de citer le document officiel — ait exprimé l'opinion que les réponses reçues constituaient une documentation insuffisante pour justifier un examen de la question, la Commission en a abordé l'étude et a décidé de les publier *in extenso* dans son rapport afin que les membres de la Société en reçoivent tous communication.

« Dans leur réponse, la Belgique, la Hollande, la Pologne et la Tchécoslovaquie sont d'avis que le système des maisons de tolérance est une des causes principales et directes de la traite des femmes. Le gouvernement de Panama considère que la réglementation officielle est indispensable pour l'hygiène publique. Les gouvernements de Lettonie et de Danemark qui ont renoncé à ce système s'y sont décidés pour des motifs étrangers à la traite. Le gouvernement hongrois estime que les mesures sévères adoptées par lui contre les trafiquants empêchent les maisons de tolérance de contribuer au développement de la traite.

« Au cours de la discussion, les représentants du Danemark, de la Grande-Bretagne, de la Pologne et de l'Uruguay, se sont déclarés partisans de la suppression du système de la réglementation des maisons de tolérance. »

*<br>* *

J'ai eu l'occasion de m'entretenir de cette délicate question avec Mme Avril de Sainte-Croix qui représente précisément dans ladite Commission le conseil national des femmes françaises, soit quelque 200 000 de ses compatriotes.

Mme Avril de Sainte-Croix m'a répondu crûment :

« A nos yeux la traite des femmes est certainement favorisée par le maintien dans trop de pays de la réglementation officielle de la prostitution. Nous sommes nombreuses à penser que la protection des femmes, des jeunes filles et des enfants serait grandement facilitée si tous les gouvernements se joignaient à nous pour supprimer comme cela a eu lieu aux États-Unis et dans l'Empire britannique, par exemple, la réglementation ou, pour parler franc, le racolage et les maisons de tolérance.

« Malheureusement pour le succès de notre cause, les avis des officiels à ce sujet sont partagés. En France notamment, et cela ne nous fait certainement pas de bien dans l'opinion étrangère, nous ne voulons pas entendre parler de la suppression de cette institution sous le double prétexte, semble-t-il, que c'est là pure question d'ordre intérieur, et qu'au surplus il n'y a aucun rapport de cause à effet entre la maison de tolérance et la traite des femmes.

« Les femmes, elles, pensent avec les gouvernements anglo-saxon, belge et scandinave que, au contraire, le rapport entre ces deux ordres de faits est on ne peut plus étroit.

« L'an dernier, par quatre voix contre deux et deux abstentions, la Commission contre la traite s'est prononcée pour la suppression de la réglementation. Ce que voyant, le Conseil de la Société des Nations a estimé qu'il devait poursuivre son enquête auprès des gouvernements.

« La France n'a pas répondu à ce supplément d'enquête. Mais voici plus de quinze réponses. Parmi elles figure celle de M. Jaspar au nom de la Belgique. Elle constitue une condamnation sévère du système.

— « Ne pensez-vous pas, madame, que l'attitude du gouvernement et de l'opinion français provient du fait que cette question a été soulevée à Genève par certains représentants de confessions protestantes? »

Mme de Sainte-Croix m'a répondu :

« — La Belgique n'est-elle pas un pays catholique? et le pape n'a-t-il pas par trois fois condamné ce que nous condamnons nous-mêmes ! »

Tenez-vous bien, madame Philibert !

XI

**A la recherche d'un drapeau.**

Je ne fus pas peu surpris, la première fois que je fis visite au siège de la Société des Nations, de voir flotter à son sommet un large drapeau bleu parmi une multitude de drapeaux nationaux.

Dans le même moment, les automobiles de la Société sillonnaient les rues de Genève portant ostensiblement un fanion du même bleu, au centre duquel on pouvait lire les trois lettres prestigieuses : S. D. N.

Je venais de découvrir le drapeau de la Société des Nations.

Hélas ! Dès le lendemain, le beau drapeau bleu avait été amené, ainsi d'ailleurs que tous les autres, et tel l'oiseau de même couleur, cher à Maeterlinck et aux petits enfants, il s'était envolé vers des régions d'où il n'est jamais revenu.

J'ai essayé, comme Tyrtyl et sa petite compagne, de percer ce mystère. Je n'y suis point complètement parvenu ; ces choses dépassent, je l'ai bien vu, l'entendement des profanes.

Les uns, à Genève, ont essayé de me persuader qu'il n'y a jamais eu d'oiseau... pardon, de drapeau bleu à la Société des Nations. Je suis sûr, quant à moi, de n'avoir pas pris le mouchoir de sir Eric Drummond pour un drapeau. Je ne sache pas au surplus que sir Eric se promène sur les toits de son hôtel.

Il y a donc eu, à un moment donné de l'histoire de Genève, un drapeau de la Société des Nations ; et je suis non moins sûr que la question de le hisser à nouveau a été agitée depuis.

Grave problème... Les représentants de cinquante-quatre peuples... penchés dans l'ombre l'étudient !

La Société des Nations aura-t-elle ou n'aura-t-elle pas son drapeau? Et, si elle l'a, quel sera-t-il? (1)

Pourquoi, au fait, n'aurait-elle pas un drapeau? disent les partisans. La Société des Nations est une puissance qui entretient avec le monde entier des relations diplomatiques. De grandes puissances comme le Brésil et la Pologne ont installé auprès d'elle des légations ou des ambassades permanentes portant sur leur blason :

*Ambassade de... auprès de la Société des Nations.*

Quand sir Eric Drummond et M. Albert Thomas sont reçus par une puissance étrangère, ils sont traités à l'égal des chefs de gouvernement.

Leurs fonctionnaires principaux ont rang d'ambassadeurs ou de ministres ; ne jouissent-ils pas de l'immunité diplomatique et ne sont-ils pas, en particulier, exempts d'impôts?|

Tout cela est rigoureusement exact, répliquent les adversaires du drapeau, mais ne justifie point l'usage d'un emblème, même d'un emblème international.

La Société des Nations est une puissance, c'est vrai, mais elle n'est pas un État, encore moins un super-État. Elle est une association de gouvernements sans plus et sa seule autorité provient de cette association. Cela fait que la Société des Nations est chez elle partout, et non

---

(1) La *Chicago Tribune* a rappelé récemment que, d'après les idées du président Wilson, les bateaux de tous les États qui appartiennent à la Société des Nations devraient battre le pavillon de la Société à côté de celui de leur pays. Le projet du président Wilson était de créer un drapeau bleu foncé avec des étoiles de différentes grandeurs représentant les États membres de la Société des Nations.

point seulement à Genève ; ou, si vous le préférez, que tous les États sont chez elle comme s'ils étaient chez eux. Nul besoin par conséquent d'afficher à l'aide d'un drapeau spécial une indépendance qui n'existe ni en droit ni en fait.

Je dois ajouter que beaucoup de ceux qui me parlaient ainsi allaient jusqu'au bout logique de leur raisonnement.

Pas plus de force internationale, disaient-ils, armée ou gendarmerie, que de drapeau à la Société des Nations. De même que le drapeau d'un État membre de la Société des Nations représente à lui seul les buts et l'idéal de la Société, de même une armée nationale, quelle qu'elle soit, peut être l'instrument de cette Société sans en devenir la propriété permanente.

J'ai trouvé cette thèse extrêmement curieuse.

Mais en attendant, — comme il arrive toujours en ces sortes de conflit, — aucune solution n'est intervenue. La Société des Nations n'a point de drapeau et ne sait même point si elle doit en avoir.

Un jour, un capitaine de l'armée américaine, M. W..., se présenta au secrétariat de la Société des Nations et demanda à entretenir sir Eric d'un projet de drapeau pour la Ligue.

L'affaire n'apparaissant point urgente à sir Eric, celui-ci fit recevoir le capitaine exotique par un fonctionnaire subalterne. Que se passa-t-il exactement entre ces deux hommes? On ne sait ; mais on entendit soudain dans le paisible hôtel de la Société des éclats de voix, puis deux coups de revolver, puis une ombre tomba du premier étage sur la terrasse...

C'était le bouillant capitaine américain qui, rendu fou furieux parce qu'on ne voulait point lui acheter ses drapeaux, avait résolu d'attirer sur lui l'attention publique en tirant des coups de feu et en se jetant, savamment d'ailleurs, par la fenêtre de l'immeuble.

# DEUXIÈME PARTIE
## CE QU'ON FAIT A GENÈVE

I

**Les tâches de la Société des Nations.**

*D'après M. Henry de Jouvenel sénateur, ancien ministre.*

Nous n'avons pour ainsi dire encore rien vu de la Société des Nations. A peine avons-nous pénétré dans le grand vestibule qui précède le sanctuaire où s'accomplissent les rites sacrés. Aussi, après avoir fait le tour des couloirs, ferons-nous bien de pousser plus loin notre curiosité et d'interroger les augures afin d'avoir un aperçu de « ce que fait la Société des Nations ».

Un contrôleur des finances de la Société des Nations, M. Réveillaud, nous fera entendre plus loin que l'organisation de Genève nous en donne pour notre argent. On voudrait ici voir son témoignage corroboré par quelques-uns, non moins désintéressés que lui.

Et comme il serait trop commode de coucher noir sur blanc une longue énumération de ce qu'a pu faire la Société des Nations depuis sa fondation, il nous a paru plus opportun de définir les tâches pour lesquelles elle est à chaque instant disponible.

Ce faisant, M. Henry de Jouvenel, un de nos hommes politiques qui connaissent le mieux l'art d'agir et de parler en matière internationale, a préféré à la facile besogne du statisticien, celle du philosophe, mais du philosophe qui ne se sert de la philosophie que pour projeter la lumière sur les réalités et les rendre vivantes.

« La paix, m'a dit M. Henry de Jouvenel, ne sera pas faite parce que nous aurons apporté à la Société des Nations des cœurs pacifiques. Ce n'est pas une compagnie d'effusions, un institut des bonnes intentions qui s'assemble à Genève, mais une association d'intérêts qui cherche à se former de tous les intérêts hostiles les uns aux autres depuis des siècles : un trust, le plus considérable, partant le plus difficile, de tous les trusts.

« Nous voici au carrefour où peu à peu se concentrent les industries, les commerces, les idées, les forces intellectuelles et les appétits matériels, le politique et l'économique, le pouvoir et l'argent, les États forts et les États faibles, tous solidaires.

« La paix sortira-t-elle d'ici?

« La paix ou la guerre.

« Nous touchons le nœud du plus grand mal ou du plus grand bien. L'électricité est fort commode : qui ne tient sa découverte pour une des plus belles victoires de la science, un des bénéfices les plus certains de l'humanité? Cependant, elle a permis à la fureur de quelques ouvriers, de plonger dans l'obscurité des capitales entières. Tels sont les effets de la concentration. On les ignorait au temps des bougies.

« Hommes, peuples, doivent choisir, entre le régime de l'individualisme et celui de la solidarité, l'ère de la bougie et celle de l'électricité. Ou plutôt, non. Il n'est plus temps. La vie a choisi pour nous.

« L'électricité est un fait, la concentration, un fait, la Société des Nations, un fait.

« La Grande-Bretagne a cru pouvoir limiter, en 1914, aux Balkans, l'incendie austro-serbe. C'est ce que lord

Grey appelait « la localisation du conflit ». Chimère de l'égoïsme national aussi redoutable que les chimères de la bonté ! L'Angleterre fut entraînée, et par delà l'Atlantique, les États-Unis qui se croyaient, eux du moins, la liberté de demeurer neutres... Ce singulier succès de la localisation n'empêche pas beaucoup d'Anglo-Saxons oublieux de songer : « Nous y avons été pris une fois. Mais « si c'était à refaire, nous ne le referions pas, et la pro- « chaine fois, pas un bateau, pas un canon, pas un homme. » La prochaine fois...

« C'était en septembre 1923. L'Italie venait d'occuper Corfou. « Opération de police un peu rude », eût dit feu Vogüé. L'indignation était grande à Genève. Le chef de la délégation britannique ne proposait rien moins que la mise en jeu de l'article 16 du pacte : le blocus de l'Italie.

« Ainsi verrions-nous la flotte anglaise à Corfou au lieu de la flotte italienne, se confiaient les Français. Pour la paix, mince bénéfice !

« Et ils ajoutaient, à voix plus haute :

« Si l'Assemblée de la Société des Nations n'avait pas été réunie, l'affaire de Corfou serait restée un accident local vite paré par la conférence des ambassadeurs. Allons-nous généraliser le risque sous prétexte qu'ici tous les États sont à notre portée?

« L'affaire tourna bien, parce que la Société des Nations eut la sagesse de ne pas entamer une lutte de prestige, et que, d'autre part, le danger entrevu à Rome aussi bien qu'à Paris inclina la conférence des ambassadeurs vers une habile conciliation.

« Mais nous sommes avertis désormais qu'il serait vain de chercher dans le congrès genevois une entreprise de localisation des conflits, à la manière de lord Grey.

« Pourquoi une Assemblée de cinquante États établirait-elle la paix internationale, quand des Assemblées de cent ou de cinq cents députés n'assurent pas la paix intérieure? Réunir n'est pas unir ; c'est même quelquefois le contraire. La Société des Nations n'échappe pas au destin de tous les parlements qui votent indifféremment de bonnes ou de mauvaises lois, au gré de ceux qui les leur présentent.

« La Société des Nations ne prendra pas d'initiatives pour elle-même. Elle suivra peut-être, et dans ce cas pourra faire aboutir à travers des continents entiers le programme qui lui paraîtra garantir la prospérité et la sécurité de tous. Elle ne donnera des directions au monde qu'à la condition d'en recevoir de quelqu'un.

« Supposez que lord Robert Cecil, au lieu de parler en son nom propre, eût parlé au nom de l'Angleterre lorsqu'il présenta son pacte de garantie, celui-ci pouvait devenir en quelques années la loi de l'Europe.

« Ayons toujours cet exemple sous les yeux. Il montre à la fois d'où vient l'impuissance et quelle pourrait être la puissance de la Société des Nations.

« Impuissante, si elle est composée de délégués ne représentant qu'eux-mêmes et sans autorité pour engager leur pays ; puissante, si chacun des membres de l'Assemblée s'exprime au nom de la nation qui l'envoie ; la Société des Nations est faite non pour concevoir, mais pour mettre au point, voter et appliquer toute conception qui, émanant d'un grand État, apparaîtra aux autres comme une garantie efficace de leur indépendance.

« Il ne faut pour cela qu'un plan, des délégués responsables, enfin cinquante gouvernements conscients qu'il y a un devoir international et résolus à l'accomplir.

« Le jour où ces conditions seront réunies, la paix peut être l'affaire de quelques semaines, car la Société des Nations agit à la manière du téléphone et du télégraphe : elle supprime les distances. Mais le téléphone et le télégraphe propagent seulement les nouvelles qu'on leur donne.

« Et cela revient peut-être à dire que l'avenir de la Société des Nations dépend des initiatives de la France. »

## II

**Un hôpital pour États malades.**

*L'opinion d'un Américain.*

Parmi les tâches accomplies par la Société des Nations, le public a retenu particulièrement celles qui ont procuré le relèvement financier de l'Autriche et de la Hongrie. En présence de ces résultats, une partie de l'opinion s'est même demandé si ceux-ci n'encourageraient pas les gouvernements à s'adresser à la Société des Nations pour lui confier des tâches nouvelles du même ordre mais de plus grande importance.

D'ores et déjà, l'organisation de Genève ne tend-elle pas à devenir une sorte de vaste hôpital pour États malades?

Telles sont les questions que j'ai posées à un Américain, M. Jeremiah Smith, commissaire général de la Société des Nations à Budapest pour la reconstitution financière de la Hongrie.

M. Smith est originaire de Boston (États-Unis). En dehors d'un longue collaboration avec différents établissements financiers d'Amérique, M. Smith a une très grande expérience des organisations et des négociations financières internationales. Il a notamment pris part à l'organisation du consortium chinois et au règlement de la Dette nationale mexicaine. Il a fait partie de la délégation américaine à la Conférence de la Paix à Paris en qualité de conseiller technique du ministère du Trésor.

« *Un hôpital pour États malades?* m'a dit M. Smith. Je pense plutôt à une société d'assurances mutuelles. Il arrive des accidents dans ce monde, c'est la tâche de la

S. D. N. d'en faire disparaitre les traces, d'aider ceux qui en ont souffert à retrouver une vie normale.

« Ce qui m'a déterminé à quitter momentanément mes affaires pour m'occuper de celles de la Hongrie, c'est précisément la foi que j'ai dans l'utilité de l'action commencée par la S. D. N. Si la Hongrie est la première intéressée au succès du programme, aucune puissance voisine, je dirai même aucune puissance européenne, ne peut lui être indifférente. Le retour à une vie saine, économiquement, d'un pays qui a connu les maux de la dépréciation et du déséquilibre budgétaire, voilà ce qui représente un gage précieux pour le rétablissement des échanges entre nations, condition première d'une situation générale prospère.

« Nous autres Américains sommes pénétrés de cette vérité. Nous savons que, quoique non-Européens, nous ne pouvons pas nous désintéresser de ce qui se passe en Europe, car, en fin de compte, notre propre prospérité est fonction, dans une certaine mesure, de la prospérité du reste du monde.

« Nous suivons donc, non seulement avec sympathie, mais avec l'intérêt que nous éprouvons lorsqu'il s'agit d'affaires dont l'issue nous importe, les expériences tentées par la S. D. N. Celle dont l'Autriche a été le théâtre nous a particulièrement frappés.

« Ce n'est pas trop dire que d'affirmer qu'elle a convaincu de l'utilité pratique de la S. D. N. beaucoup de nos compatriotes qui en avaient douté.

« Nous sommes gens pratiques, ou aimons à le croire, et quand nous voyons un projet conçu avec science et avec hardiesse — car il en fallait pour marcher dans un domaine neuf où l'inconnu abondait — réussir comme l'a fait le programme autrichien, nous nous découvrons.

« L'œuvre est de nature à nous plaire éminemment. Quelques-uns d'entre nous se sont parfois demandé si l'aréopage de Genève n'était pas constitué d'intellectuels purs, de « Highbrows » un peu « au-dessus de la mêlée ». Maintenant nous avons vu monter par les hommes de la S. D. N. une entreprise pour laquelle il a fallu des connaissances d'ordre technique, bancaire, financier, économique, qualités que nous connaissons et respectons. Sa réussite nous a renseignés. Nous savons que les hommes qui ont tracé le programme et qui en ont assuré l'exécution sont des « as », et il n'y a pas besoin de vous dire l'importance pour le monde entier, y compris notre propre pays, de l'œuvre qu'ils poursuivent.

« Quant à la question de savoir si la S. D. N. possède une technique et une puissance suffisantes pour aider à la solution de problèmes plus vastes et plus difficiles, la réponse n'est pas difficile.

« Les parties intéressées au problème des réparations possèdent maintenant un programme sur lequel elles sont d'accord, le rapport du comité d'experts qui fut présidé par le général Dawes. Or M. Janssen, le principal conseiller de l'expert belge, est président du Comité financier de la S. D. N. En outre, ce n'est un secret pour personne, puisque les communiqués officiels en ont fait mention, que le comité Dawes, au début de ses travaux, a demandé et a obtenu un exposé verbal complet et détaillé de la façon dont, en Autriche, on a traité des problèmes analogues à plusieurs de ceux qu'il abordait lui-même. Cet exposé a été fourni par sir Arthur Salter, directeur de la section économique et financière de la S. D. N. Le rapport Dawes constitue l'espoir pour l'avenir en matière de réparations. Ceux qui l'ont mis debout n'ont pas voulu négliger les enseignements de l'expérience acquise par la S. D. N.

## III

### La Société des Nations a-t-elle inauguré une diplomatie nouvelle?

*Ce qu'en pense M. Léon Bourgeois.*

Lorsqu'on a passé en revue la tâche accomplie par la Société des Nations, une double question se pose tout naturellement. C'est de savoir par quels moyens la Société des Nations réalise son programme, et en quoi ses méthodes ont apporté dans le monde quelque chose de nouveau. Autrement dit, la Société des Nations a-t-elle inauguré une diplomatie nouvelle? Comment celle-ci se différencie-t-elle de l'ancienne diplomatie?

Nul n'était plus qualifié pour répondre à cette double question, dont les deux aspects lui ont été également familiers, que M. Léon Bourgeois, l'homme d'État qui a connu au quai d'Orsay les anciennes méthodes diplomatiques, et à qui revient le grand honneur de les avoir rajeunies, en les adaptant à l'esprit international et juridique de la Société des Nations.

Avec cette bonne grâce, cette onction, cette bonté quasi paternelle qu'il apporte dans tous ses entretiens familiers, l'illustre délégué permanent de la France à la Société des Nations m'a exposé là-dessus son opinion personnelle :

« C'est surtout par leurs méthodes que les formules diplomatiques inaugurées au conseil de la Société des Nations se distinguent des négociations traditionnelles dont les chancelleries se transmettaient jalousement le secret de génération en génération.

« Pour montrer le progrès accompli dans cette voie, il suffit d'analyser les méthodes appliquées par le Conseil de la Société des Nations à la solution d'une des plus importantes questions politiques qui lui ont été soumises, celle de Haute-Silésie. Il s'agissait là d'un problème qui, à toutes les époques, a sollicité l'expérience des diplomates : la fixation d'une ligne frontière entre deux États — l'Allemagne et la Pologne — conformément aux stipulations d'un accord international, le traité de Versailles. Le Conseil suprême des puissances alliées et associées n'ayant pu arriver à un accord, avait chargé le conseil de la Société des Nations, le 12 août 1921, de lui recommander une solution.

« Qu'aurait fait en pareil cas une conférence diplomatique et en quoi ses méthodes auraient-elles différé de celles qui furent employées avec succès à Genève?

« Autour du tapis vert traditionnel, illustré par les peintres officiels de tant de congrès historiques, se seraient réunis des hommes d'État et des ambassadeurs, dont la plupart se seraient abordés pour la première fois, et qui auraient eu, comme instructions essentielles, de faire prévaloir de leur mieux les intérêts directs ou indirects de leur gouvernement dans le litige : méthode essentiellement subjective et pratique, qui favorisait le jeu des intrigues personnelles et ne permettait d'aboutir à un compromis que par un échange de concessions réciproques suivant la vieille formule du *do ut des*. Avec de tels procédés, le droit risquait fort d'être lésé, car il se trouvait relégué au second plan quand il n'était pas oublié.

« C'est du droit, au contraire, et de lui seul, en toute justice et équité, que se préoccupe avant tout la Société des Nations, et, pour le faire prévaloir, elle veut avant tout être impartiale et objective. Dans le cas de la Haute-Silésie, le hasard a voulu que je fusse désigné, avec mon éminent ami M. Balfour, pour présenter les règles qui ont depuis servi de modèle pour la solution des problèmes analogues.

« Sur nos propositions, quatre membres du Conseil,

choisis parmi les représentants des pays les plus désintéressés politiquement et économiquement dans le litige (Japon, Espagne, Belgique, Brésil), constituèrent un comité d'études.

« Les hommes qui le composaient se connaissaient déjà depuis longtemps, ayant été choisis expressément par leurs gouvernements pour constituer ce tribunal dont la permanence est une des plus importantes garanties. C'est là un facteur psychologique entièrement nouveau et d'une portée considérable. La méthode de travail de ce comité est indiquée dans la résolution du Conseil du I$^{er}$ septembre : étude de tous les documents relatifs à la question, et recours à toutes les sources d'informations telles que les conseils techniques, témoignages de spécialistes et d'habitants des régions intéressées, envoi sur place de commissions d'enquêtes, etc... Avec la collaboration très active du secrétariat permanent, le comité utilisa toute la documentation très complète mise à sa disposition, en s'inspirant avant tout de la première préoccupation des auteurs du traité, qui a été d'assurer la détermination d'une frontière, conformément au vœu des habitants, les considérations géographiques, politiques et économiques n'intervenant qu'en seconde ligne.

« A serrer ainsi le problème de près, en s'entourant du maximum des garanties d'impartialité et d'objectivité, le comité a préparé une solution juridique, aussi proche de l'équité absolue que le permettent les méthodes humaines. C'est cette solution que préconisa, après un long et minutieux examen en séances publiques, le Conseil chargé de dire le droit ; et comme garantie supplémentaire, la solution proposée par lui et approuvée ensuite par le Conseil suprême fut renvoyée pour application à une conférence composée de plénipotentiaires allemands et polonais et présidée par un neutre d'une haute impartialité, M. Calonder, ancien président de la République helvétique. Fait important à noter, celui-ci était investi d'un droit d'arbitrage dont il n'eut jamais à se servir.

« La méthode employée avec succès dans l'affaire de Haute-Silésie fut reprise, avec quelques améliorations de forme inspirées par l'expérience, pour la solution du litige des îles d'Aland entre la Suède et la Finlande, pour la restauration financière de l'Autriche et de la Hongrie, et enfin pour la question si complexe de Memel que la conférence des ambassadeurs avait également renvoyée au Conseil de la S. D. N. Dans ce dernier cas, ce fut une commission d'enquête, présidée par un Américain, M. Norman Davis, et composée de deux éminents techniciens hollandais et suédois, qui élabora le projet de convention entre la Lithuanie et les puissances alliées qui a mis fin à son conflit avec la Pologne, en dotant le port de Memel d'un statut politique et économique.

« De tels exemples ne sont-ils pas très encourageants et ne permettent-ils pas de considérer que les méthodes de la S. D. N. ont maintenant fait leurs preuves, et qu'une expérience de quatre ans leur permet de soutenir la comparaison avec les méthodes séculaires dont elles se sont d'ailleurs inspirées en cherchant à les améliorer? »

IV

**Ce qu'on aurait pu faire.**

*Conversation avec M. Jean Hennessy, député de la Charente.*

> Ce qu'on aurait pu faire?...
> O Dieu, bien des choses, en somme,
> En variant le ton ; par exemple, tenez !

Et voici M. Jean Hennessy, homme dont la haute culture va de pair avec une inaltérable bonne humeur, m'exposant son point de vue sur la Société des Nations.

Rien du grincheux traditionnel qui prend le monde

entier à témoin de ses malheurs personnels ou impersonnels. Certes M. Jean Hennessy, tout pacifique qu'il est, n'aime point tous ses compatriotes au même degré. Il en est, hier haut placés, contre lesquels il a, comme on dit, une dent. Mais cette dent est une dent de sagesse, car M. Jean Hennessy est un philosophe.

Il fut délégué à la Société des Nations dans les années de grâce 1920 et 1921 ; puis il cessa de l'être, mais il le sera demain. Comment ne porterait-il point sur l'objet qui nous occupe un regard averti et si j'ose dire amusé?

— Sans doute, me dit cet Européen, en arpentant sa chambre sur les murs de laquelle s'étale, comme par hasard, une vaste carte de l'Europe ; sans doute, on aurait pu concevoir et organiser une Société des Nations différente de celle que nous avons sous les yeux.

Moi, qu'on traite de visionnaire, je trouve qu'on a voulu faire trop grand d'un seul coup. J'aurais voulu qu'on procédât par étapes afin d'arriver plus sûrement au but.

Je m'explique.

Les auteurs du traité de Versailles ont voulu faire et appliquer un pacte semblable pour tous les États sans exception, européens et extra-européens. Or, ce pacte, vous le savez, est dominé tout entier par un certain article 10 qui fait une obligation à tous les membres de la Société de s'entr'aider militairement en cas d'agression.

A mon avis c'est une obligation à la fois beaucoup trop générale et trop stricte dont tous les États n'ont pu d'ailleurs s'accommoder.

A cause d'elle, les États-Unis ont rejeté le pacte. Quant aux Américains du Sud et du Centre, ne nous faisons point d'illusions : leur coopération militaire serait aussi douteuse que la nôtre au cas où un conflit les mettrait aux prises avec un adversaire éloigné. Voilà le fruit d'une folle idéologie et voilà pourquoi j'ai toujours préconisé et je préconise encore aujourd'hui la formation d'une Société des Nations continentale, à l'intérieur d'une organisation internationale mondiale qui n'en serait que la conjonction et l'aboutissement.

— Par où commencer?

— Parbleu, par le noyau le plus préparé, c'est-à-dire par une Société des Nations européenne dont feraient partie la Grande-Bretagne et l'Irlande, à l'exception des Dominions, cela va sans dire.

— Pensez-vous que la Grande-Bretagne y consentirait?

— Certainement, si son intérêt l'y conviait et croyez que son intérêt l'y convierait si pareille société risquait de se former malgré elle, c'est-à-dire contre elle.

— Et quelles autres planètes voyez-vous en formation?

— Laissons les Américains libres de s'organiser comme ils l'entendront. Leur Ligue panaméricaine n'est-elle pas chez eux un embryon de société?

— Et l'Asie?

— Pays des possibilités à venir.

— Mais où placez-vous la Russie dans votre firmament?

— La Russie est un problème qui se suffit à lui-même ; en effet, depuis la deuxième année de son existence, la Russie des soviets constitue non plus un état unitaire, mais une fédération, la Fédération des Républiques soviétiques.

En somme, les soviets ont réalisé, à l'intérieur de leurs frontières, sur la superficie la plus vaste du monde, une véritable Société des Nations.

Que les Européens, ajoute M. Hennessy, fassent de même et cessent de se balkaniser ; ils ont, pour ce faire, toutes sortes de bonnes raisons : la reconstruction économique de l'Europe à assurer et le traité de Versailles à appliquer avec intelligence si l'on ne veut pas que la création récente de nouveaux États avec leurs barrières politiques, économiques et douanières demeure une cause de troubles universels.

— J'entends bien, mon cher monsieur Hennessy, mais la Société des Nations est ce qu'elle est. A vos yeux, dans son état actuel, que vaut-elle?

— Telle qu'elle est, elle a accompli et elle accomplit tous les jours une besogne intéressante. D'abord, elle a vécu, c'est déjà quelque chose. Elle a vécu et elle a résolu tout de même certains conflits qui, en d'autres temps, eussent mis tout simplement le feu à l'Europe : Haute-Silésie, îles d'Aland, Memel, Autriche, etc., sans compter nombre de divergences qu'un travail presque invisible de la Société a écartées des routes du pauvre monde.

— Elle n'a pas apaisé la querelle franco-allemande.

— Ça, me répond avec assurance M. Jean Hennessy, c'est le point faible de la Société des Nations. Mais elle n'en est pas responsable.

La Société des Nations ne fera rien, ne pourra rien faire pour apaiser le différend franco-allemand tant que l'Allemagne sera tenue hors de l'organisation de Genève, et il n'est point d'accord, point de convention interalliée qui puisse suppléer aux avantages d'ordre international que procurerait l'entrée de l'Allemagne dans la Société.

— En résumé, monsieur le député, quel doit être le rôle de la France dans la Société des Nations?

— Présenter au monde son vrai visage, celui d'une puissance démocratique et pacificatrice ; prêter la clarté, la précision, l'élévation de son esprit latin à l'amélioration de la concorde internationale, et pour tout dire la France, si elle veut tenir dans la Société des Nations la place qui lui convient, n'a qu'à se montrer humaine.

V

**La joyeuse histoire du royaume de Vitanvalie.**

Le 11 mai 1922, le fonctionnaire chargé de dépouiller la correspondance de sir Eric Drummond, secrétaire général de la Société des Nations, tomba littéralement en arrêt devant une lettre magnifique recouverte de cachets de cire et de signets impressionnants.

L'honorable gentleman lut avec une curiosité croissante :

<table>
<tr><td>ROYAUME DOMANIAL UNI<br>DE TRANSCAUSASIE, DE VITANVALIE,<br>MAÏKOP ET FERGHANA<br>—</td><td>CABINET DU SECRÉTAIRE D'ÉTAT<br>MINISTÈRE<br>DES AFFAIRES ÉTRANGÈRES<br>156</td></tr>
</table>

« 25 janvier.

« *A Son Excellence le président de la Société des Nations,*
*à Genève.*

« Excellence,

« Nous avons l'honneur de demander l'admission du royaume domanial uni de Transcausasie, de Vitanvalie, Maïkop et Ferghana dans la Société des Nations.

« Nous vous remettons à cet effet :

« 1º Une copie de la Déclaration d'indépendance et de fondation du royaume signée du roi et des ministres accrédités à cet effet ;

« 2º Une copie de la Déclaration complémentaire de l'indépendance des régions de Maïkop et de Ferghana rattachées au royaume ;

« 3º Cinq manifestes et messages se rattachant à cette fondation royale ;

« 4º Une lettre du Comité royaliste constitutionnel.

. . . . . . . . . . . . . . . . . . . . . . . . .

« Actuellement, le roi a spontanément placé le royaume sous le protectorat anglo-italien, sous réserves d'accords à intervenir avec ces puissances.

« Nous sommes constitués en gouvernement constitutionnel stable avec des frontières définies et définitives.

« Nous avons un ministère, régulièrement nommé par le roi, et un Parlement.

« Notre gouvernement s'engage à respecter les actes de la Société des Nations.

« ... Aussi, confiants dans la loyauté de la Société des Nations, nous espérons en recevoir l'avis d'admission dans son sein.

« Veuillez..., etc.

« Le Secrétaire d'Etat,<br>« ministre des Affaires intérieures du royaume,<br>« Le duc Alexis DE DOKOUDOWSKY.

Adresse provisoire : chez M<sup>e</sup> NABIAS,
Avoué, 2, avenue de la Victoire, Nice.

A cette demande d'admission dans la Société des Nations était jointe, en effet, une « Déclaration d'indépendance et de fondation du royaume de Transcaucasie, Vitanvalie, « etc., etc.

Le fonctionnaire, éberlué, poursuivit sa lecture :

« Nous, Louis-Léon, prince Laforge de Vitanval, souverain chef, maître de l'ordre de l'Aigle d'or, etc., etc. Au Saint-Siège apostolique, aux empereurs et rois héréditaires, souverains régents,

« Aux princes régnants, aux chefs d'État et présidents de République, des cinq parties du monde. Et à tous ceux à qui les présentes appartiendront,

« Salut !

« 1° Voulant sauvegarder nos droits légitimes, légalement acquis en Russie, dans les anciens domaines de la couronne impériale de Russie, en Transcaucasie méridionale et ceux concédés par nous en 1912, 1914-15, à Londres, par devant MM. de Pinna et John Venn, notaires publics de la Cité londonienne, notamment à la Société anglaise Maïkop, selected Oilfield...

« Déclarons par les présentes, de manière formelle et authentique, terre libre royale et indépendante, les vingt-six territoires pétrolifères constituant notre domaine territorial sur les rives du Khanis-Tzkali, affluent du fleuve Rion, ancien district de Koutaïs, en Transcaucasie méridionale.

. . . . . . . . . . . . . . . . . . . . .

« 3º En cas de non-postérité ou d'extinction de la race, le titre de roi et le trône pourront être légués à un prince étranger désigné par le dernier roi.

« Nous créons et fondons une famille royale dont les membres recevront de nous des lettres patentes leur conférant la dignité d'Altesse royale et les titres héréditaires de prince ou grand-duc, princesse ou grande-duchesse.

. . . . . . . . . . . . . . . . . .

« 5º L'étendard national et royal sera jaune, blanc et rouge, divisé en trois parties égales ; les armoiries sur le blanc.

« ...Une flotte fluviale sera créée ainsi qu'un centre d'aviation commerciale et postale.

Donné et déclaré à Nizza, le 5 décembre 1920.

« LOUIS REX. »

Par le roi :

*Le secrétaire d'Etat,*
*Ministre des Affaires intérieures du royaume,*
*Grand chancelier des ordres royaux,*

DOKOUDOWSKI.

Par le roi :

*Le ministre des mines pétrolifères*
*du commerce et de l'industrie,*

Marquis DE *(Illisible).*

Par le roi :

*Le sous-secrétaire des Affaires étrangères,*

Comte DE COSTEEL.

***

Le fonctionnaire était Anglais. Il ne remarqua pas que la signature *Louis* était la reproduction fidèle de celle de Louis XIV.

Qu'auriez-vous fait à sa place?

Il accomplit sa petite besogne de tous les jours, prit un classeur, le n° 28, numérota le dossier (*admissions to the League*), n° 10699. Puis il l'envoya à la section compétente : la section politique que dirige M. Mantoux.

Là, on flaira tout de suite l'escroquerie. Sur le dossier on peut lire aujourd'hui encore en notes manuscrites.

« Je suppose bien qu'on ne va pas faire attention à ça. » (Abraham).

« Pas de suite. Faut-il croire que sa majesté a terminé son emprisonnement? » (Mantoux).

Autre part :

« Toute réponse serait publiée par ces farceurs et nous tomberions dans le ridicule. » (Abraham).

*
* *

En effet : il ne fut pas répondu à la demande du royaume de Vitanvalie; ce que voyant, le duc Alexis Dokoudowsky crut devoir s'informer par lettre du sort de sa demande.

Alors sir Eric Drummond, bon enfant, fit griffonner ce billet peu compromettant :

« Le secrétaire général de la Société des Nations a l'honneur d'accuser réception de la lettre du duc Alexis de Dokoudowsky n° 156 du 25 janvier. »

...Huit jours après, le 10 juin, tous les journaux de France et de Navarre annonçaient l'arrestation pour escroquerie de René-Louis Laforge, dit roi de Vitanvalie, quarante-sept ans, né à Honfleur.

Voici comment la chronique de l'époque raconte l'épilogue de cette histoire étrange :

« Il y a quelques jours, un monsieur superbement mis se présentait dans deux grands magasins de Nice, chez le couturier Redfern et à l'orfèvrerie Mappin and Webb. Il se donna comme Louis Ier, prince de Vitanval, roi de

Transcaucasie, et commanda pour un million de robes de cour et un million de diadèmes.

« Comme pièces à l'appui, il exhiba des lettres étrangères avec les grandes chancelleries d'Europe, avec MM. Briand et Lloyd George.

« Il avait été condamné en 1904 à cinq ans de prison pour une escroquerie du même genre. »

1904-1922... dans dix-huit ans, le prince de Vitanval escroquera les tours de Notre-Dame.

VI

**Le musée des horreurs.**

Lorsque les initiés visitent les musées d'antiquité en Grèce, en Italie ou en Espagne, ils ne manquent jamais, après avoir glissé dans la main de leur guide un pourboire supplémentaire, de demander « le musée secret ».

Le guide s'assure qu'il n'existe pas dans la caravane de trop jeunes gens, puis se dirigeant vers une armoire discrète, en ouvre non moins discrètement la porte fermée à double tour.

Les femmes en rougissent un peu, mais ravies au fond d'elles-mêmes déclarent invariablement devant chacun des objets que le guide commente :

— Oh! quelle horreur !

Elles raconteront ensuite à toutes leurs amies qu'elles ont vu le musée des horreurs de X..., et patati... et patata...

J'ai pu, sans pourboire et sans rougir, visiter à Genève le musée des horreurs de la Société des Nations.

Au troisième étage du quartier général de la Ligue, au fond du couloir à gauche, dans un encombrement de casiers, de dossiers, d'archives, une petite porte sur laquelle j'arrive difficilement à déchiffrer le nom de M. Leak.

Mon homme est là. Il a quarante-cinq ans environ, porte des lunettes d'écaille, des cheveux grisonnants et un sourire quasi perpétuel.

— M. Leak?

— C'est moi-même, monsieur, me répond le chef du *registry's department*, en français l'archiviste de la Société des Nations. Que puis-je faire pour vous? me demande-t-il.

— Visiter, s'il vous plaît, votre musée secret.

L'homme, flegmatique pourtant en bon Anglais qu'il est, a un soubresaut. Je crois nécessaire d'exposer le but de ma visite.

Je suis un ami, un grand ami de la Société des Nations et je désire n'en penser et n'en écrire que du bien. Mais j'estime que précisément le meilleur service à lui rendre c'est d'éloigner d'elle les raseurs, les monomanes et disons le mot, les fous. Ces gens-là s'imaginent que la Société des Nations est une panacée universelle, quelquefois même une vache à lait qu'on peut traire jusqu'au sang. Ne pensez-vous pas comme moi, monsieur Leak?

Voilà mon homme mis en confiance. Sans mot dire, tel le guide de Tarragone ou de Pompéi, il se dirige vers une armoire qu'il ouvre lui aussi, et d'où il tire une liasse de dossiers reliés par une courroie qu'il place devant mes yeux.

J'ouvre et me voici chevauchant tout à coup la chimère ailée dans le royaume de la fantaisie, du mysticisme, voire même de la folie.

Voici un tract répandu par un ingénieur, invitant à une « conférence transcendante, humanitaire et scientifique ». L'auteur se dit « maître en balistique, inventeur de puissants engins mécaniques, constituant la force absolue surhumaine ».

Plusieurs dossiers enferment des propositions soi-disant pratiques à l'effet d'établir un langage international ; l'espéranto ne leur suffit pas.

Voici le rayon des désabusés.

L'Anglais Georg A... a essayé de trois ou quatre nationalités. Toutes l'ont déçu. Il a échoué à la Société des Nations et demande qu'il lui soit permis d'être « sujet de la Ligue ».

Tel autre, mystique, propose je ne sais quelle croisade universelle contre le péché et signe « donné pour la publication, dans la sixième année du pèlerinage de pénitence de mon âme ».

Un grand nombre de mégalomanes revendiquent l'honneur d'avoir pensé à la Société des Nations avant tout le monde. « Le président Wilson est un imposteur, écrit un Américain ; il m'a volé l'idée de la Ligue. J'en étais le père avant lui. »

Et puis, voici la misérable phalange de ceux à qui la misère a fait perdre la raison. Plusieurs, inventant des maux et des persécutions imaginaires, jettent vers la Société des Nations des cris de détresse lamentables.

Un « ouvrier » italien, B..., se croit poursuivi par la haine du gouvernement français et il le rend responsable de je ne sais quelles pertes d'argent. Il en envoie le total — la note à payer — à la Société des Nations *aux fins de recouvrement*. « Doit le gouvernement français à l'infortuné ouvrier B... la somme de... »

Celui-ci n'a rien trouvé de mieux que de s'affubler du nom de « Napoléon-Bonaparte, duc de Parme, duc de Reichstadt, comte Raggio ». Ainsi s'exprime l'en-tête imprimé de sa lettre à la Société des Nations.

Suit une page manuscrite, d'une écriture d'enfant, pleine de fautes d'orthographe.

Persécuté, à ce qu'il dit, par de nombreux ennemis, voleurs et assassins, le prétendu Napoléon-Bonaparte rend le gouvernement helvétique responsable de ses malheurs. Il a perdu plusieurs millions... Le Droit est lettre morte en Suisse... Il supplie la Société de faire rendre gorge à ses adversaires.

Et c'est signé : Napoléon-Bonaparte, dit Jean-Jacques B..., prétendant au trône impérial de France.

Des documents, quels documents ! étaient joints à cette supplique. Le dossier officiel mentionne qu'on les a retournés à l'expéditeur « avec les compliments du secrétaire général ».

O ironie des formules de politesse (1) !


## VII

**Les oiseaux de feu.**

Que l'idée d'une Société des Nations ait travaillé de par le monde certaines têtes au point de les faire tourner, cela est certes fâcheux, mais ne prouve rien contre la Société des Nations. On a vu que, bonne fille, elle accueille indifféremment les lettres des escrocs et les suppliques des fous. Elle accuse réception aux premiers et elle envoie ses compliments aux seconds.

Elle ne craint, à la vérité, ni les uns ni les autres.

L'ennemi qu'elle redoute est bien différent de tous ces malheureux, car il lui est difficile de le combattre ouvertement ; cet ennemi c'est... l'ami trop zélé.

Gardez-moi de mes amis, a dit le poète. Que de fois

(1) Parmi les 5 000 mémoires adressés au Comité du concours français pour la paix (fondation de l'Américain Filène) quelle contribution ne trouverait-on pas à un chapitre intitulé : « Des rapports de la Société des Nations et de la folie » !

N'existe-t-il pas par exemple un mémoire dû à un Français vivant à l'étranger, qui propose, afin de maintenir et de fortifier la paix, de supprimer l'emploi du fer-blanc pour les boîtes de conserve, d'obliger les autos à marcher à 12 kilomètres à l'heure, de veiller aux mites introduites par les Allemands à bord des navires, d'aligner les maisons le long des cours d'eau, de supprimer les avalanches et les inondations.

Dans une maison de santé voisine de Genève, un malheureux fou passe son temps penché sur un document écrit de sa main en signes hiéroglyphiques. « Ceci, dit-il, est la constitution de la vraie Société des Nations que nul encore ne doit connaître. »

les solides esprits qui dirigent la barque de Genève ont pensé de même ... et n'ont pas osé le dire !

Deux exemples vont me servir à illustrer ce que je viens d'avancer. Ils sont, l'un et l'autre, tirés des discussions qui se poursuivent depuis trois ans à Genève autour de la réduction des armements.

Il n'y a peut-être pas de sujet plus difficile, plus complexe et plus délicat que celui-là. C'est un de ces sujets qui peuvent être pour un gouvernement comme pour la Société des Nations une de ces pierres contré lesquelles on fait aisément la culbute.

Aussi, désireuse d'éviter les accidents, la Société des Nations a-t-elle procédé dans cette voie avec prudence et méthode. Un syndicaliste comme Léon Jouhaux, membre de la Commission du désarmement à Genève, vous dira qu'on ne pouvait aller ni plus promptement ni plus sûrement.

Au surplus, de sages esprits comme MM. Lebrun, Fabry, de Jouvenel, Paul-Boncour ; des techniciens remarquables comme le colonel Requin veillent sans cesse au grain pour empêcher qu'on ne commette des folies. Vous allez voir que ce n'est pas toujours très facile.

*<br>* *

...En ce temps-là, on recherchait à Genève suivant quelle norme pourrait s'opérer la fameuse réduction des armements.

— Nous allons vous trouver ça, intervinrent les statisticiens.

Et ils se mirent à l'ouvrage.

Quelle ne fut pas la stupéfaction de la Commission lorsqu'elle constata que ces coupeurs de cheveux en quatre proposaient de résoudre la question du désarmement par une formule algébrique !

Ils avaient calculé tout ce qu'on peut imaginer et

même davantage. Exemple : longueur du réseau de chemins de fer par rapport au nombre de chevaux en service dans l'armée. Quels auraient été les armements de la Pologne en 1913 si elle avait existé? Ceux de la France si elle avait eu l'Alsace et la Lorraine?

Il apparut aux moins prévenus que ces gens-là allaient faire tomber la Commission et la Société dans le ridicule. On jeta le rapport au pilon. Il n'en coûta que quelque 30 000 francs-or à la Société!

*<br>* *

Une autre fois, l'alerte fut donnée par un général de brigade chinois, M. Tsing, délégué de son pays à la Commission permanente consultative. Mais on se rendit compte rapidement que l'affaire était plus divertissante. Le général Tsing était un type dans le genre du Bon Dieu ; on parlait toujours de lui, dans la Commission, mais on ne le voyait jamais. Enfin, un jour que la Commission délibérait, il fit une entrée très remarquée, car il était vêtu d'un cache-poussière.

Il exposa rondement son affaire :

« Vous vous souvenez, messieurs, dit-il, des exploits de géants de ces monstres qui prenaient leur vol pour aller s'affronter au-dessus des nuages. Hélas ! ces luttes guerrières ne devaient pas être les seules qui fussent réservées aux oiseaux de feu, et bientôt ceux-ci s'élancèrent la nuit vers de paisibles contrées.

« Comment, dans l'hypothèse d'un nouveau conflit, protéger les populations?

« Je propose : 1º d'accorder un délai pour l'évacuation des régions où la bataille est susceptible de se produire ; 2º de limiter les régions de combat aérien.

« Deux objections sont faites à ma première proposition :

« 1º Il y a des **abris pour** la population civile. Cet argument n'est pas rigoureusement exact, car il est bien peu probable qu'il y ait des abris partout. Et, d'autre part, ces abris, efficaces aujourd'hui, le seront-ils encore demain? Il est malheureusement probable que ces abris seront bien illusoires et sans résistance contre les nouveaux engins et les nouveaux explosifs;

« 2º Le danger causé par les avions a été exagéré ; les armes aériennes ne sont pas aussi puissantes et aussi dangereuses que certains le prétendent. La réponse à cet argument est celle-ci :

« Les engins aériens, si terribles lors de la dernière guerre, le seront encore beaucoup plus lors du prochain conflit, témoins toutes ces armes de guerre que l'on fabrique aujourd'hui : appareils perfectionnés, bombes, mitrailleuses, toutes armes affreusement meurtrières et que vous n'ignorez pas.

« Il y a lieu, en outre, par un traité, d'interdire l'approche aux armées aériennes ennemies des régions où s'abritent les populations civiles. Il y aurait ainsi en arrière des lignes de combats et des champs de bataille, *une partie du territoire dénommée R. N. C., région non combattante, que l'ennemi s'engagerait à ne pas attaquer par la voie des airs.* Les opérations militaires pourraient ainsi suivre leur cours normal sur un terrain sans habitants et les populations civiles échapperaient aux horreurs des batailles. Il est à remarquer que le pays auquel appartient cette R. N. C. n'aurait le droit d'y effectuer aucune opération militaire, car en ce cas ladite région deviendrait une zone militaire et ce serait le droit de l'ennemi d'essayer de l'anéantir.

« Cette R. N. C. constituerait donc une sorte de terrain neutre où n'aurait lieu aucune opération militaire et où viendrait s'abriter la région non combattante.

« J'ai dit. »

Quand le général chinois Tsing, auteur des polygones aériens pour le temps de guerre, se fût assis, les rangs de tous les commissaires furent agités par ce qu'on appelle en style parlementaire des « mouvements divers ». Le président remercia poliment l'orateur chinois de sa proposition et déclara qu'elle serait examinée ultérieurement.

Jamais plus, il n'en fut question... et jamais on ne revit en commission le général au cache-poussière.

# VIII

**Albert Thomas sur le gril.**

— Le « patron » sera à vous dans une petite seconde.

Le « patron », c'est Albert Thomas, et son prophète est M. Viple, le « camarade Viple », chef de cabinet, ancien collaborateur de *l'Humanité*, enfant chéri de Jules Guesde, aussi barbu que ses patrons ; au demeurant, un homme fort aimable avec qui l'attente devient presque un plaisir.

Et me voici dans le bureau du patron.

C'est une grande pièce rectangulaire du rez-de-chaussée, à l'extrémité sud de l'ancien couvent dont les hasards de la politique ont fait le siège de l'organisation internationale du travail. La lumière entre par les six fenêtres, à profusion. Tout le confort d'un bureau moderne sans vain luxe, sans ors.

Aux murs, quelques tableaux pendent symétriques ; je découvrirai plus tard qu'ils renferment de bonnes photographies de Prud'hon, de Considérant, de Fournier, de Légien et d'un infortuné collaborateur du Bureau mort dans l'accomplissement d'une mission difficile : Pardo.

L'éclectisme ne va pas, je note ce trait en passant, sans une certaine tendresse du cœur chez le maître de céans.

Le voici, au surplus, debout devant son bureau, qui me tend cordialement la main.

La dernière fois que je le rencontrai, — je le lui rappelle,

— c'était dans le train de Berlin à Varsovie. Étendu sur une banquette, souffrant du diabète, il avait encore la force de dicter, dans la nuit, à son fidèle Lebrun son formidable courrier quotidien international. Lui-même s'est appelé un jour « le Juif errant de la politique sociale » ; à la vérité, je ne connais pas un voyageur et un travailleur plus infatigable.

Éclairé de côté par le soleil couchant, il m'apparaît couperosé mais en bonne forme pour faire face à l'attaque que j'ai soigneusement préparée.

Je suis tenté de prononcer devant lui la formule classique du jeu de tennis : *Are you ready?*

Sans plus attendre, j'entre en action.

— Oui, je le vois bien, me dit en souriant Albert Thomas, vous me réservez le sort de saint Laurent ; allons-y pour le gril.

J'y vais, et même je n'y vais point par quatre chemins.

— Le public, dis-je à Albert Thomas, me paraît dans l'ensemble assez indifférent à l'œuvre que vous poursuivez ici. Avant de penser à ce que vous faites, il pense à ce que vous êtes, et je ne vous apprendrai rien, mon cher directeur, en vous disant que vous n'avez pas la cote d'amour auprès du public français.

— Vous ne m'apprenez rien en effet, interrompt Albert Thomas, dont le regard se voile un peu. Puis vivement, avec un brusque hochement de l'épaule gauche qui lui est assez familier :

— Au fond, que me reproche-t-on?

— On vous reproche, en premier lieu, d'avoir été le père de la vie chère ; d'avoir, pendant la guerre, lorsque vous étiez ministre de l'armement, en fixant les hauts salaires des ouvriers et des ouvrières à l'usine, déclenché la hausse générale des prix... Que répondez-vous à cela?

— Je réponds, d'abord, que si l'on tient absolument en France à maintenir cette légende, il faudra trouver à peu près dans tous les pays un père de la vie chère, car je ne puis tout de même pas être rendu responsable de l'augmentation simultanée du prix de la vie dans tous les pays européens et même extra-européens. Je demande qu'on me fasse connaître mes complices, car c'est assez que d'être le bouc émissaire de ses compatriotes.

« Pour ce crime qu'ils m'imputent, des énergumènes vont jusqu'à m'adresser des menaces de mort. Cela me rajeunit sans doute, car je me rappelle ainsi certaines campagnes électorales, mais ne me convainc pas.

« Pourtant, à certaines heures, frappé par la persistance de cette accusation, j'ai voulu faire mon examen de conscience. Je me suis demandé sérieusement à moi-même si je n'avais pas, comme on m'en accuse, détraqué la vie économique de mon pays.

« Eh bien non, non, et non ; je ne puis pas me rendre responsable de la vie chère en France. Les responsabilités sont ailleurs.

« Je démontrerai un jour par des documents irréfutables que, au ministère de l'armement, pendant la guerre, nous avons été constamment au-dessous des prix courants de la vie et que, chaque fois que nous avons élevé les salaires, ç'a été parce que nous avions été largement devancés par les phénomènes économiques.

« Je vais plus loin, et je pourrai prouver et je prouverai que nous avons dû résister à diverses reprises à de grands patrons qui nous poussaient à élever plus vite que nous ne voulions le taux des salaires ouvriers. »

A ce moment de notre conversation, l'ancien militant s'est réveillé chez mon interlocuteur. Albert Thomas s'est levé et il me parle maintenant en arpentant son bureau à grands pas.

— Il y a eu un moment, un seul, poursuit-il, où les salaires ont crû plus vite que le coût de la vie ; ç'a été quand, après mon départ du ministère, on a craint je ne sais quelle popularité en ma faveur, que des rapports de police dénonçaient au gouvernement.

« Alors, en novembre 1917, sous la menace de la grève et pour des fins politiques, le gouvernement de Clemenceau a haussé artificiellement les salaires. Le véritable père de la vie chère, c'est lui, c'est Clemenceau. »

Un silence ; le temps de remettre nos esprits, puis je retourne mon saint Laurent sur l'instrument du supplice.

— Vous auriez peut-être pu, c'est un regret qu'on entend exprimer communément, mobiliser patrons et ouvriers à l'usine et les payer comme des soldats? Des quantités d'hommes du front fussent venus avec joie travailler de leurs mains pour la défense nationale, même au prix de cinq sous par jour.

— C'est une erreur, me répond M. Albert Thomas, à laquelle je réponds d'abord en rappelant le mot de notre ami Vaillant, député de Paris ; le travail se paie, l'héroïsme ne se paie pas. Et si vous voulez une autre réponse plus terre à terre, laissez-moi vous dire que nous avons eu le temps pendant la guerre d'apprécier le rendement du travail payé et celui du travail qui ne l'était point. La différence était très éloignée d'être à l'honneur du second ; on me disait : il nous faut des munitions. Je n'ai pas cru devoir me priver du seul moyen qui était à ma disposition pour m'en procurer.

— On vous accuse aussi d'être un budgétivore, de toucher de gros traitements. C'est un bruit que je m'excuse...

— Mais non, ne vous excusez pas. Il vaut mieux parler franc, en effet.

« Ces gros traitements dont on me fait grief, ce n'est tout de même pas moi qui les ai fixés. Je ne suis intervenu qu'une seule fois à leur sujet : ç'a été pour combattre, au début de notre organisation, une proposition patronale qui tendait à me donner des appointements égaux à ceux de sir Eric Drummond.

« Remarque étrange, les Français dénoncent mon traitement ; et ils ne parlent jamais de certains traitements, plus élevés encore, payés hors de la Société des Nations.

— Vous savez bien que c'est parce que vous êtes Français?

— Et ancien homme politique.

— Qui pourrait le redevenir?...

— Peut-être...

« Mais j'y pense, si mon traitement est tellement excessif, pourquoi les gouvernements, pourquoi mon Conseil d'administration n'exigent-ils pas qu'il soit réduit? Pourquoi? Sinon parce que mes dépenses sont justifiées?

« Mes appointements, en tout cas, ont été fixés d'après un barême emprunté à l'administration anglaise ; que ceux des Français qui prétendent que les fonctionnaires français de la Société des Nations doivent être moins payés que leurs collègues étrangers osent lever la main !

« Quant aux affirmations de ceux qui me reprochent de coûter cher au budget de l'État français, elles proviennent, soit de l'ignorance, soit de la mauvaise foi. Je suis un fonctionnaire international ; cinquante-quatre budgets, à l'heure présente, se répartissent mes dépenses.

— Voilà, mon cher monsieur Albert Thomas, qui me paraît en effet péremptoire. Au surplus, les gens informés de chez nous font-ils peu de cas de ces griefs. Ils se contentent de ne les point réfuter.

« Mais il est, vous le savez, des malins qui vous adressent un autre reproche. Ils vous représentent comme un ambitieux, uniquement préoccupé de donner à votre bureau international du travail une importance disproportionnée avec celle que le traité de paix avait prévue. J'ai entendu quelquefois parler d'un B. I. T. tentaculaire...

— *Ils* me font rire avec mon ambition ! *Ils* savent pourtant bien que si je suis ici, c'est parce que le monde ouvrier, par la voix de ses organisations, a voulu que j'y fusse.

« Et puis si grand, si tentaculaire que soit le bureau, ou qu'il devienne, croit-on qu'il répondra jamais aux

espérances conçues et données en 1919 à la classe ouvrière?
J'entends encore Barthuel, du syndicat des mineurs,
parlant avec exaltation de la « grande Centrale d'énergie »
de Genève.

« Demandez plutôt à Jouhaux ce qu'il avait, lui aussi,
souhaité !

« Par ailleurs, ai-je la tête d'un dictateur? Suis-je donc
arbitraire à ce point que conseil d'administration et
conférences du travail adoptent malgré eux mes propositions?

« On nous a rognés l'an dernier ; rogné notre budget,
rogné notre personnel ; mais dans le même moment,
gouvernements, patrons et ouvriers nous donnaient
mandat de ne pas porter atteinte aux tâches essentielles
du bureau.

— J'entends bien, monsieur Albert Thomas, qu'en
diminuant votre budget, on ne recherchait point une
*diminutio capitis*. Néanmoins, n'avez-vous pas perdu la
confiance d'une partie de la classe ouvrière? Les communistes...

— Les communistes ont toujours été *contre* nous
parce que la maison d'en face était *avec* nous. La Fédération syndicale internationale d'Amsterdam, avec ses
vingt-cinq millions d'adhérents, nous demeure fidèle ;
fidèles aussi, les syndicats chrétiens réunis par l'Internationale d'Utrecht.

« Un jour viendra peut-être où les communistes eux-
mêmes, reconnaissant qu'il n'est pas de législation
sociale possible sans garanties internationales, collabo-
reront avec nous. Notre effort est impartial, au point
que nous nous attirons quelquefois les attaques des anti-
bolchevistes. *L'Humanité* a été obligée de reconnaître
le caractère scientifique de nos travaux.

— Aussi avez-vous confiance dans l'avenir de votre
organisation?

— On ne pourra plus se passer de l'activité du bureau

international du travail. Nous n'avons pas quatre ans, mais trente ans d'existence, parce que nous avons continué en la fortifiant l'œuvre trentenaire de la protection légale des travailleurs. »

Albert Thomas respire largement, et avec un grand geste de la main qui écarte je ne sais quels fantômes :

— Et puis, les événements sont plus forts que les hommes. Quelqu'un peut-il aujourd'hui se soustraire à certaines obligations internationales?

— Une dernière question, monsieur Albert Thomas, une « colle », si vous le permettez.

— Un dernier tour de gril... Je vous vois venir.

— Si la Société des Nations venait à disparaître, croyez-vous que le B. I. T. surnagerait?

— Peut-être... Mais il aurait alors une existence bien précaire. Tout au plus serait-il un petit bureau où l'on recenserait les législations en matière sociale.

« Pour vivre, pour se fortifier, le bureau international du travail a besoin de la paix, de l'esprit de paix, des procédures de paix... Toutes choses qui ne peuvent exister que par la Société des Nations. Vive la Société des Nations pour que vive le B. I. T. »


IX

**La nouvelle sociale.**

Un de ces casinos comme on en rencontre dans toutes les villes d'eaux, ni plus ni moins laid que les autres ; au-dessus de la porte d'entrée, une enseigne : TROISIÈME CONFÉRENCE INTERNATIONALE DU TRAVAIL. *Entrée des délégués et de la presse.* Ni drapeaux, ni tentures, ni fleurs. Aucune solennité ; aucun « chichi ». Mais à l'intérieur de ce lieu de plaisir désaffecté pour la circonstance, une installation intelligemment adaptée aux besoins de la

Conférence : salle des pas-perdus, salles de la presse et des commissions, télégraphe, téléphones, enfin salle des séances dans l'ancienne salle de spectacle, tout cela respirant la commodité, le confort et portant la marque d'une organisation moderne et pratique.

***

Autant la salle, dite de la Réformation, où la Société des Nations a élu domicile depuis deux années, porte figure sévère, janséniste ou calviniste comme on voudra, autant celle de la Conférence du Travail, temple ordinaire de la musique et de la danse, incite à la belle humeur et à l'optimisme. A la Réformation, la diplomatie et son art, — j'allais écrire ses artifices ; au Kursaal, la conversation sans apprêt ; à l'Assemblée des Nations, la solennité des pontifes officiels, tous les délégués y étant désignés par les gouvernements ; à la Conférence du Travail, la simplicité et la variété des gens venus, non seulement de tous les points du monde, — en quoi la Conférence et l'Assemblée se ressemblent — mais de toutes les classes de la société. A la Réformation, l'aristocratie de la politique et de la diplomatie ; au Kursaal, le voisinage et bien souvent l'alliance des politiciens, des patrons et des ouvriers. A l'Assemblée un seul mode de recrutement, hors de toute consultation populaire ; à la Conférence, une image approchée de la démocratie, puisque sur quatre délégués à la Conférence, on en compte deux désignés par les gouvernements et deux présentés par les organisations ouvrières et patronales les plus représentatives du pays représenté.

De là, vous le devinez, plus de mouvement, plus de vie à la Conférence qu'à l'Assemblée. Dans celles-ci, les gouvernements peuvent se trouver en conflit en la personne de leurs délégations. Mais aux yeux du profane, les délégations, du moins, sont homogènes.

A la Conférence du Travail, c'est jusqu'au sein des délégations que pénètrent la vie et le heurt des intérêts divergents.

Et puis à l'Assemblée, les conflits sont le plus généralement d'ordre politique, tandis qu'à la Conférence du Travail ils sont souvent d'ordre financier; et l'argent n'est-il pas le grand commun diviseur?

Enfin, si l'Assemblée par son cadre, par son recrutement, par son objet, est dans la tradition des grands congrès de Vienne, de Berlin, de Paris, la Conférence évoque l'aspect des parlements les plus démocratiques, quelquefois même des meetings populaires où la foule se rue dans les pays de liberté révolutionnaire.

Mon expérience pendant quatre semaines de conférence allait confirmer la première impression que j'avais éprouvée en entrant dans ce sanctuaire du travail.

*<br>* *

Le bureau siégeait sur la scène, exactement à l'endroit où naguère évoluaient les Piccadilly's Girls. Il n'en était pas moins très imposant, autour de sa grande table rectangulaire, chargée de livres et de paperasses, et recouverte — ô miracle — d'un tapis qui n'était pas le tapis vert de la diplomatie.

Au centre, un petit homme, grassouillet, en éternelle redingote de coupe anglaise impeccable, visage sympathique bien que toujours sérieux, aux pommettes rosées, aux yeux attentifs et mobiles; la main droite constamment armée d'un petit marteau de commissaire-priseur : c'est lord Burnham, éditeur propriétaire du *Daily Telegraph*, ancien membre de la Chambre des Communes, arbitre ordinaire en son pays de maint conflit du travail. Il est ici parfaitement à sa place et sera d'ailleurs d'un bout à l'autre de la Conférence un parfait président; on l'appellera dans le camp français « l'ami de l'ordre », sans rosserie aucune, parce qu'il ne cessera de recommander le silence à la manière du speaker des Communes : *Order, Order!...*

A sa droite, cet homme qui s'acharne à détruire de sa main fiévreuse l'ordonnance de son opulente chevelure, c'est Albert Thomas, directeur du bureau international du travail, secrétaire général de la Conférence. Lord Burnham préside, mais c'est Albert Thomas qui dirige. Il a l'œil à tout, sur l'ordre du jour dont il poursuit la rapide observance, sur lord Burnham qu'il conseille, sur son état-major qui obéit au signe du maître, sur la salle qu'il écoute et qu'il observe avec l'art des grands parlementaires, c'est-à-dire, selon le mot de Briand, avec des antennes. L'Assemblée s'égare-t-elle dans le maquis de la procédure? Thomas demande la parole et la remet dans le droit chemin ; un amendement menace-t-il la solidité d'une convention laborieusement édifiée? Il suffit aux sages de regarder une minute la physionomie de Thomas pour connaître leur devoir au moment du vote. Sans le vouloir, cet « homme extraordinaire », comme l'appellera lord Burnham après trente jours d'expérience, joue de l'Assemblée comme un musicien d'un clavier. Il anime tout du rayonnement de sa force, il est l'animateur de la conférence comme de son bureau.

Et voici à gauche du président, la physionomie souriante, amène, et quasi enfantine de l'*alter ego* de Thomas. C'est Butler, le sous-directeur du bureau, celui qui, à une voix près, faillit à Washington être élu à la place de Thomas. A nos yeux profanes, il apparaît comme le type du bon garçonisme anglais, parlant peu, écoutant beaucoup, symbole vivant de l'optimisme.

*<br>**</br>*

J'examine, du haut de mon fauteuil de balcon, les fauteuils et le parterre où siègent les délégations. En comptant les conseillers techniques, il y a là quelque trois cents têtes qui s'agitent, six cents mains qui triturent des documents.

Mais, maintenant que je rassemble mes souvenirs, peu nombreux sont les visages qui s'imposent à ma mémoire. Une demi-douzaine d'as et quelques figures originales.

Les dominant, tous, voici Jouhaux, aimé de son groupe ouvrier à peu près comme Jaurès l'était de son groupe politique, estimé et écouté de tous, dans cette conférence. On aime en lui la simplicité et la logique du raisonnement, la précision, l'exactitude, la lumière bien française de son verbe sonore et son constant souci de la conciliation. On l'aimerait davantage, si sa timidité, jusque dans le privé, ne le faisait apparaître au profane comme volontairement distant.

On ne peut parler de Jouhaux sans apercevoir l'ombre de Mertens, délégué ouvrier de Belgique. C'est toujours Mertens qui applaudit Jouhaux le premier ; c'est lui qui, si Jouhaux excède le temps réglementaire de parole, réclame en faveur de Jouhaux le bénéfice des exceptions du règlement. Mertens n'est d'ailleurs pas lui-même sans valeur et l'accent de sa parole révèle une flamme intérieure, une sincérité qui touche et parfois émeut.

Si Mertens est une flamme intérieure — une lampe voilée — Baldesi, secrétaire de la C. G. T. italienne, est un feu dévorant. Lorsqu'il prend place à la tribune, accompagné de son Antigone inséparable, — l'éminente interprète qui traduit sa parole italienne, — on sait à quoi s'en tenir. Inutile de consulter le catalogue des délégations, c'est bien l'âme de l'Italie effervescente qui s'exprime par la bouche éloquente de Baldesi.

Poulton, qui représente la classe ouvrière de la Grande-Bretagne, fait un contraste saisissant avec le leader italien. Même dans ses moments de colère, Poulton demeure concentré. Sa parole y gagne plus de force persuasive.

Si je ne disais un mot de lui, Crawfort, un autre as, délégué ouvrier de l'Afrique du Sud, demanderait la parole : affaire d'habitude, Crawfort est universel et disert ; prompt à faire en séance publique une proposition ; aussi prompt à la retirer.

Dans le camp des patrons, plusieurs ont attiré mon attention par leurs allures bizarres. Leurs colloques mystérieux, leur rire jaune et leurs fausses sorties. L'un d'eux s'étant cru obligé de quitter sa place avec ostentation afin de marquer son hostilité à une partie de l'ordre du jour, se réfugia dans les loges et, pareil à la fille de Loth, continua de suivre la Conférence... à travers ses doigts. On l'appelait le « patron fantôme ».

Par contre, quelques bonnes figures brillaient au banc des gouvernements, telle celle de sir Montague Barlow, très versé dans toutes les matières, esprit bien anglais, veillant toujours au grain, au demeurant homme de grand libéralisme, ainsi qu'il le montra dans la question de la céruse.

Bonne figure aussi, celle de M. Fontaine, premier délégué de la France officielle, urbain, docte et résigné, car le gouvernement lui demande parfois une besogne ingrate.

Et Mgr Nolens, délégué des Pays-Bas, costumé en clergyman, fumant de gros cigares, bavard comme une pie, mais apportant parfois dans la discussion la force des propositions scolastiques.

Tels furent les acteurs. Leur besogne? Nul ne l'ignore aujourd'hui, par la grâce même des adversaires de l'organisation internationale du travail qui ont procuré jusqu'à la tribune du parlement une publicité retentissante à l'œuvre de Genève. Ce que je veux dire ici, c'est dans quelle atmosphère ces conventions et ces recommandations qui constituent le bilan des conférences du travail ont été élaborées.

Oh ! tout n'est pas rose dans le travail des conférences. Il y a de durs moments et de grandes heures. Encore, nous autres spectateurs, ne pouvons-nous parler que de ce que nous voyons, mais si Thomas et ses collaborateurs et certains délégués voulaient parler, quels conflits, que de piquantes histoires ne connaîtrions-nous pas?

Du haut de nos perchoirs journalistiques, et par l'entre-bâillement des portes de commissions, nous avons connu les grandes heures de l'agriculture. On s'est demandé un jour à Genève si, conformément à la demande de la France, on écarterait la principale des questions inscrites à l'ordre du jour : la question agricole. Nous avons entendu les propos résignés et les doléances de ceux-là même qui demandaient, par ordre, le retrait de pareilles questions. Enfin, une heure est venue, où nous avons vu notre pays battu dans trois scrutins successifs, même par ses alliés et ses amis. Heure pénible s'il en fut !

Nous en avions connu d'autres, aussi pénibles que celle-là, en d'autres assemblées internationales : à Bruxelles en 1920, à la conférence financière, où un délégué français nous disait : « Si j'appliquais à la lettre les instructions de mon gouvernement, je ne resterais pas ici vingt-quatre heures. » L'homme avait de l'esprit et du courage, il interpréta les instructions à sa façon, et il resta, et la France s'en trouva bien.

Même spectacle à l'Assemblée des Nations de 1921 dans la ridicule question de la protection des femmes et des enfants qui fut, pour nous, l'occasion d'un échec retentissant.

Et de même qu'au lendemain de cet échec, le Quai d'Orsay télégraphiait à nos délégués : « Comment avez-vous pu vous faire battre de la sorte? Il fallait prendre le vent, vous adapter aux circonstances ! » de même, dans les conférences du travail, nous vîmes trop souvent l'infortunée délégation française se faire morigéner par le ministère de Paris pour avoir observé les consignes impératives qu'elle avait reçues de lui.

*<sub></sub>*

Il y eut, dans les conférences du travail, un autre moment pathétique. Ce fut quand les délégations commencèrent d'examiner de près le problème de la céruse. Cela, pour nous Français, n'a l'air de rien, — ou à peu près, — car il y a quelque quinze ans que nous avons, en France, supprimé le poison.

Mais le poison s'est réfugié à l'étranger, pas loin, en Angleterre, par exemple. Là les cérusiers sont puissants. Aussi font-ils donner les Dominions.

Ils forment au début de la discussion une cohorte solide, puissante. N'ont-ils pas mobilisé dans leur camp jusqu'à des délégués ouvriers exotiques et des médecins qui — ô prodige ! — plaident pour le poison. L'obstacle est impressionnant. Il semble que la partie soit perdue d'avance pour le bureau. En effet, la bataille commence par une offensive contre Thomas qu'on accuse de partialité. A la contre-attaque, Thomas répond victorieusement en citant ses auteurs, et en prenant d'ailleurs, avec un même courage, la responsabilité de la lutte engagée par son bureau pour le bien de l'humanité.

La cohorte est sensible à la riposte. Néanmoins elle lutte pied à pied, jour par jour, article par article ; c'est la lutte de mines et de tranchées. Finalement l'humanité triomphe, les cérusiers lâchent pied. On arrache d'eux l'interdiction partielle de la céruse.

Voilà à quoi servent les rapprochements internationaux.

Tout de même, on nous aurait grandement surpris, si, en 1914, quelqu'un nous avait annoncé que cinq ans après, patrons, ouvriers, gouvernements se rencontreraient chaque année au sein d'une « Sociale » dont Albert Thomas serait l'animateur.


## X

**Un travail de bénédictins.**

Là-haut, sur la colline qui mollement conduit des rives du Léman aux premiers contreforts du Jura français, s'étend un vaste bâtiment sans style, mais entouré, enveloppé d'une telle verdure que le lieu apparaît presque enchanteur.

C'est le siège du Bureau International du Travail.

Propriété d'un M. Thudicum, il abritait, jusqu'en 1919, un pensionnat de jeunes gens et, malgré les efforts tentés pour l'adapter à sa destination nouvelle, on n'a jamais pu lui retirer la moitié de ses incommodités.

Il faut au voyageur désireux de visiter la maison de M. Albert Thomas parcourir une bonne lieue hors de la ville, et cet éloignement n'est pas sans inconvénients pour le personnel lui-même.

Misères passagères, car peu à peu s'élève aux bords mêmes du lac, à quelques centaines de mètres de la Société des Nations, un Palais du Travail, dont le terrain fut gracieusement donné au B. I. T. par la Confédération helvétique et la « République et canton de Genève ».

Le B. I. T. y gagnera des aises, mais y perdra quelque peu de son actuelle originalité.


*
* *


J'aime, quant à moi, — qui n'y vais qu'à de rares intervalles, — faire l'ascension de la colline à travers les beaux jardins de l'Ariana. Que de fois j'ai interrompu mon pèlerinage pour me retourner vers l'admirable panorama qui, sous les yeux du voyageur tourné vers le lac et les Alpes prochaines, se déroule en cet endroit.

Beautés toujours anciennes et toujours nouvelles, combien je comprends que tant de poètes vous aient chantées...

...Quelques minutes avant deux heures... Une partie du personnel est encore au réfectoire, un restaurant coopératif où collaborateurs des deux sexes déjeunent de compagnie à des prix raisonnables. La règle n'impose point le silence.

D'autres groupes se promènent en devisant dans les allées du parc.

Pourquoi faut-il que cette vie paisible soit si souvent troublée par des bruits de moteurs et par l'apparition de ce monstre importé de Paris, qu'on appelle *l'autobus*? Il existe en effet un service d'autobus qui permet aux fonctionnaires du B. I. T. d'aller prendre leurs repas chez eux.

...Deux heures, l'heure du travail. La ruche s'emplit et bourdonne à nouveau. Chacun gagne sa cellule ; le mot est adéquat, tellement les collaborateurs d'Albert Thomas sont à l'étroit dans leurs salles de travail.

On a bien construit autour du bâtiment principal quelques annexes, mais le travail déborde de toutes les enceintes. Et puis, ces annexes sont en bois, et le bois, ça brûle. L'une de ces bicoques a failli cet hiver ensevelir dans ses cendres quelques jeunes filles coupables seulement de s'être trouvées à leur poste. Aussi, je m'explique cette note affichée au tableau de service : « On demande des volontaires pour l'exercice des pompes... »

Un grand silence, troué seulement par le tapotement d'innombrables machines à écrire. La maison ressemble maintenant à une usine moderne.

A la même heure, dans les grandes capitales du monde, les « filiales » du Thudicum sont attelées à la même tâche.

A Paris, pour ne parler que de notre « chez nous », Mario Roques, en son bureau de la rue de Laborde, «correspond» avec la maison mère et met sa culture universitaire — ou pour mieux dire universelle — au service de l'organisation de Genève, au rayonnement de laquelle il contribue si puissamment en France.

***

J'ai gardé un souvenir inoubliable de la visite que j'ai faite au troisième étage de la maison de Genève. Là, sous les combles, s'élabore depuis quatre ans, presque à l'insu des profanes, un travail gigantesque.

Je vois encore Edgard Milhaud, qui n'a pas besoin d'être présenté au public, dirigeant cet immense travail de l'*Enquête sur la production* comme un capitaine de navire dirige la bataille, de son poste de commandement. Je vois posée sur autant de petites tables la documentation de dix chapitres différents et Milhaud arpentant la pièce, écrivant, annotant, vérifiant un croquis et, pour tout dire, achevant de tuer ses pauvres yeux malades.

Cet homme, il faut qu'on le sache, est pareil à ces hommes extraordinaires qu'on trouvait jadis dans les bibliothèques bénédictines. Un jour, c'était il y a trois ans, Edgard Milhaud perd soudainement et presque complètement la vue. L'enquête dont il vient de recevoir la charge risque d'être mort-née ou singulièrement compromise. Eh bien non, Milhaud, condamné à la nuit, rassemble toute son énergie et dicte au téléphone pendant près de six mois tout son savoir accumulé.

...Et aujourd'hui, l'œuvre est presque achevée.

L'*Enquête sur la production?* Cela ne dit rien à la plupart des gens. Pourtant...

A l'origine, il y eut la proposition d'un patron italien, M. Pirelli, membre du groupe patronal du Conseil d'administration et qui, depuis, fut du fameux comité d'experts pour les réparations. En juin 1920, ce patron fait décider par le Conseil d'administration du B. I. T. de confier à celui-ci « le soin de faire une enquête sur la production dans les différents pays du monde, considérée dans ses rapports avec les conditions du travail et le coût de la vie ».

Jouhaux obtient qu'on enquête non seulement sur les conditions du travail, mais encore sur les conditions économiques générales qui ont pu influencer la production : crise des matières premières, crise de l'outillage, crise des transports... Labeur immense.

Or, par une coïncidence sans pareille dans l'histoire des enquêtes internationales, voilà que la situation qui avait provoqué l'enquête se renverse du tout au tout, quelques jours après que le travail a été commencé. Le marché commence à refuser les matières offertes ; les prix s'effondrent. On demandait précédemment aux ouvriers de produire davantage. Voici qu'on se voit obligé de fermer les usines.

Néanmoins, l'enquête du B. I. T. ainsi compliquée se poursuit ; elle prend corps, un corps en trois parties : les faits, l'explication des faits, les solutions (remèdes proposés et expériences faites).

Plus de six mille organisations patronales et ouvrières, un millier de coopératives sont interrogées ; Edgard Milhaud parcourt plusieurs fois l'Europe en tous sens ; la liste des personnalités qu'il approche occupe dix pages de son rapport.

Toute l'œuvre est à la même échelle. Elle comprend quelque 5 000 pages, plus de 1 200 tableaux statistiques, plus de 1 000 diagrammes.

Environ 12 millions d'opérations arithmétiques ont dû être faites ; à certains moments, quatre machines électriques à calculer fonctionnaient simultanément.

Il ne s'agissait pas seulement de consulter les milliers d'ouvrages communiqués par les gouvernements, par les organisations patronales ou ouvrières. Il fallait encore contrôler tous les chiffres, les rendre homogènes, les harmoniser, si j'ose dire, en tenant compte de la création des nouveaux États et du problème si difficile des changes...

Tout cela se concentrant dans un cerveau unique, celui d'Edgard Milhaud, a constitué une vision synthétique de la situation générale ; et cette vision a permis de découvrir les réalités qui se cachaient sous les montagnes de chiffres.

Devant ce travail prodigieux dont Edgard Milhaud est le merveilleux exécutant, mais dont Albert Thomas demeure l'animateur, il faut, quelque opinion politique ou sociale que l'on professe, s'incliner avec respect : *Labor omnia vincit.*

XI

**La note à payer.**

*Ce que pense du budget de la Société des Nations
un de ses contrôleurs : M. Jean Réveillaud.*

Un beau type d'expert ; avocat, ancien chef adjoint du cabinet du « père Combes », M. Jean Réveillaud, fils de l'ancien député de la Charente-Inférieure, appartient à la délégation française auprès de la Société des Nations, en qualité de « conseiller technique ».

Sa science financière l'a fait désigner par l'Assemblée de Genève comme membre de la commission de contrôle ; et il est par surcroît président de la commission de répartition des dépenses.

Parfois ce conseiller se mue en procureur et son éloquence chaude de magistrat requiert alors des économies au nom de son gouvernement. Avis plus impartial sur une matière aussi délicate pouvait-il être donné que par un homme qui possède en même temps la confiance d'un gouvernement, celle d'une Assemblée et l'estime unanime de la Société qu'il contrôle?

« ...Je vous le dis tout de suite, m'expose M. Jean Réveillaud, ce budget de la Société des Nations que l'on a si fort critiqué, ce fameux « super-budget » tentaculaire, ne dépasse guère, pour l'année 1924, la somme de 23 millions de francs-or (exactement 23 328 686 francs).

« Encore faut-il tenir compte de ce que, dans la période actuelle de mise en train, les exercices qui se succèdent ont à supporter de grosses dépenses de premier établissement. L'achat de l'hôtel national, où siège le Secrétariat, la constitution d'un « compte d'avances », réserve indispensable de trésorerie, ont exigé l'insertion, dans le budget de cette année, d'annuités s'élevant à plus de 3 millions de crédits.

« En année normale, j'estime que les dépenses de la Société, qui couvrent, répétez-le bien, les frais de l'ensemble des organisations actuelles — secrétariat, bureau international du travail, cour permanente de justice — devraient graviter autour de 20 millions de francs-or.

« C'est une somme, assurément, mais qu'il ne faut pas faire sonner comme si tout le poids en retombait sur nos épaules : 54 pays sont appelés à en prendre leur part, dans des conditions que je vous exposerai tout à l'heure. Nous payons actuellement un douzième environ de la dépense totale, soit 1 944 445 francs-or pour le budget de 1924, ce qui, au cours du dollar à 16 francs, représente une charge de 6 millions de francs-papier.

« Ce prix n'est-il pas plus que largement compensé par les avantages que nous tirons de l'existence des organisations de Genève et de la Haye? A vos lecteurs de le dire. Je voudrais du moins leur apporter l'assurance technique que le « pacte » étant ce qu'il est, il est difficile à l'heure actuelle de prétendre en assurer l'application à frais sensiblement réduits.

« J'ai suivi régulièrement depuis 1920 les travaux de

la commission des finances de l'Assemblée, et je dois avouer que dans le Parlement à huis ouverts de Genève, les séances ne font guère recette au dehors, sauf lorsque le bruit se répand qu'un Bergson, un Nansen vont comparaître à sa barre pour essayer d'enlever de haute lutte un crédit auquel elle se refuse.

« C'est cependant sur cette quatrième commission que les initiés ont les yeux fixés. Elle a tant de cœur à la tâche qu'il arrive le plus souvent que les cinq autres commissions s'amusent à la besogne afin de lui donner le loisir de mener à bien ses travaux. Enfin, le président s'émeut : de combien de jours faudra-t-il retarder la clôture si la quatrième commission persiste à ne pas déposer ses rapports?... Quelques séances de nuit, succédant à cinq heures de travail d'après-midi... et tout finit par s'arranger.

« Quelle est donc l'œuvre titanique à laquelle se sont consacrés avec dilection ces spécialistes des finances publiques, tout pénétrés de saines doctrines, âpres à l'investigation, la serviette bourrée au surplus d'observations de leurs gouvernements respectifs? Tout simplement ceci : l'établissement du budget de l'année qui vient, à la lumière des résultats détaillés de l'exercice clos au 31 décembre de l'année précédente, sur lequel ils doivent tout d'abord se prononcer. Sir Eric Drummond, M. Albert Thomas, le greffier de la Cour, sont appelés tour à tour devant l'aréopage et, tandis que se débat ailleurs la question de Haute-Silésie ou de Corfou, doivent apporter les justifications les plus minutieuses sur le coût des télégrammes envoyés, les dépenses des bibliothèques ou les frais de l'autobus qui, de Genève au lointain Thudicum, transportera les fonctionnaires du B. I. T. jusqu'au jour où le Travail sera lui aussi dans ses meubles, à quelques centaines de mètres du Secrétariat.

« Aucune interrogation n'est écartée comme trop menue ou indiscrète. Et nous avons encore dans l'oreille le ton acerbe des « remarques » de certains délégués des Dominions à leur compatriote Secrétaire général, lors de la première Assemblée, à propos de frais de représentation, qui ne tardèrent d'ailleurs pas à être spontanément réduits de la meilleure grâce du monde. Maintenant que quatre années ont passé, il faut rendre à la quatrième commission cette justice que ses exigences, raillées parfois, mais jamais contredites, ont abouti non seulement à réaliser des compressions de dépenses, mais à doter la Société d'un code de procédure et de contrôles financiers, infiniment précieux, et qui pourraient lui être enviés par la plupart des États.

« La présentation matérielle des chiffres est tout d'abord remarquable. Prenons par exemple le budget qui va être soumis, pour 1925, à l'Assemblée siégeant en septembre prochain. Pour chaque chapitre, pour chaque article, vous lisez, sur trois colonnes, la somme demandée pour 1925, celle votée pour l'année en cours, enfin le montant effectivement dépensé en 1923. Comparaison qui appelle immédiatement explications et justifications sur tout relèvement demandé, sur tout poste paraissant trop largement doté. En outre, dès qu'il s'agit de traitements, une référence à un tableau annexe fixe instantanément à une unité près sur le nombre des fonctionnaires d'un service, à un franc près sur la solde de chacun d'entre eux.

« Sous cette lumière éclatante, s'il subsiste encore des abus, on peut affirmer que c'est avec la complicité de tous les membres de l'Assemblée et des États eux-mêmes, auxquels les documents sont communiqués à l'avance. Il arrive d'ailleurs, ce budget, déjà passé au crible devant une « commission de contrôle », composée de cinq spécialistes choisis parmi les délégués des États. Cette commission, instituée par la deuxième Assemblée et dont notre éminent et regretté compatriote, M. G. Noblemaire, et après lui, le très distingué ministre de Tchécoslovaquie à Paris, M. Osusky, ont dirigé les travaux, donne son avis sur tous les crédits demandés, après avoir, elle aussi, au préalable, examiné de près les comptes de l'exercice achevé qui lui sont présentés dans le détail par un contrôleur, totalement indépendant du Secrétariat général et dont les droits d'investigation dans tous les services sont inscrits dans le règlement financier. Bien plus, afin de se garder des entraînements irréfléchis de la dernière heure, l'Assemblée, souveraine en matière financière, a décidé néanmoins que toute proposition, susceptible de répercussion financière, qui serait portée directement devant elle, devrait être obligatoirement renvoyée pour avis à la Commission de contrôle et rapportée du point de vue des possibilités budgétaires.

« Convenez qu'il est difficile de continuer à parler des « superbudgets » imposés aux membres de la Société, alors que les propositions des services, contrôlées, épluchées, réduites par les représentants des États, sont finalement votées par eux, et je dois le souligner, tout en me demandant si cette règle ne devra pas être modifiée, doivent être votées « à l'unanimité », en sorte que chacun des 54 co-propriétaires de la machine, s'il est mécontent de son rendement, peut, en portant le doigt à la manette, la mettre complètement à l'arrêt.

« Quelques mots sur le fond à présent : on vous a parlé de gaspillage. Je viens de faire allusion aux critiques apportées devant la quatrième commission. Et tout d'abord, que faut-il penser des « traitements princiers » servis par la Société?

« J'ouvre le budget et je lis : Secrétaire général (britannique), traitement 4 000 livres sterling ; plus une indemnité de résidence de 1 000 livres ; cela ferait 125 000 francs au cours normal du change, cela fait aujourd'hui trois fois plus en notre monnaie, cela faisait cinq fois plus il y a quelques mois, sans évidemment qu'à Genève le produit en eût en quoi que ce soit augmenté.

« 3 secrétaires généraux adjoints (dont un français)

au traitement fixe de 3 000 livres sterling, avec une part des frais de représentation.

« 6 directeurs à 53 000 francs suisses ; voilà pour le Secrétariat.

« Au Bureau du Travail, quelques traitements analogues, moins nombreux. Ajoutez le greffier de la Cour de justice, qui touchera, en 1925, 25 000 florins hollandais. Et vous aurez l'état-major.

« Je mets à part le président et les juges de la cour de la Haye, dont personne, que je sache, n'a jamais discuté la rémunération, s'élevant pour le président à 60 000 florins et scindée pour les juges en un traitement fixe de 15 000 florins et une indemnité variable selon la durée des sessions et doublant à peu près le traitement.

« Quant aux cadres qui viennent ensuite, les « membres de section » qui forment l'ossature des organisations internationales de Genève, leur traitement s'échelonne entre 13 700 et 28 000 francs suisses.

« Les techniciens subalternes de la catégorie des dactylographes, peuvent arriver à 10 000 francs.

« Enfin le personnel ordinaire, recruté sur place, dont les salaires ont été révisés cette année, afin de les mettre à peu près à l'échelle de ceux payés par le canton et la ville de Genève.

« Ces chiffres posés, je conviens avec tout le monde que, dans les cadres supérieurs surtout, les traitements alloués dépassent nos imaginations françaises, accoutumées à considérer que la rémunération d'un haut fonctionnaire ne saurait être qu'une fraction minime de celle d'un directeur de banque ou d'un chef de rayon de magasin. Je dois d'ailleurs à la vérité de ne pas taire que j'ai entendu critiquer l'échelle de ces traitements par des personnalités britanniques, elles-mêmes habituées cependant à compter plus largement.

« La réponse donnée à Genève a toujours été la suivante : lorsque la Société des Nations est sortie tout armée du

Conseil des Quatre, le secrétaire général, qui a eu l'honneur de voir insérer son nom à la suite du Pacte, s'est vu reconnaître par contrat, dans une haute pensée politique, plus encore que pour tenir compte de sa situation antérieure, le traitement d'un ambassadeur britannique. Tout a découlé de là, qu'il s'agisse des autres organisations ou du secrétariat. Quel pays eût admis, pour les nationaux en la personne desquels il est représenté à Genève, une situation qui ne fût pas proportionnellement comparable à celle dn secrétaire général britannique?

« Cependant la deuxième Assemblée, s'étant saisie de la question, a institué une commission de fixation des traitements. Et, somme toute, malgré qu'elle eût les mains libres pour la plupart des fonctionnaires de l'ordre intermédiaire, elle n'a pas réduit très sensiblement leur situation. Il lui est apparu, je crois, qu'il fallait, pour conserver et pour continuer à attirer un personnel d'élite, tenir compte de la répugnance des individus à s'expatrier et en contre-balancer les effets. Les préoccupations pécuniaires doivent-elles d'ailleurs de toute nécessité constituer le lot des fonctionnaires sans fortune? Est-il naturel de s'entendre confier, comme cela m'est arrivé tout récemment, par un magistrat de l'ordre le plus élevé qui soit en France : « J'ai dû renoncer à toute sortie chez mes amis, car je ne puis prélever sur mon traitement mensuel les quelques billets nécessaires pour les inviter à mon tour. Aussi, je vis comme un sauvage... »

« Les fonctionnaires de la Société des Nations peuvent rendre les politesses ; ils peuvent même, c'est entendu, prendre l'initiative des réceptions. Je ne sais pas si le scandale est si clairement du côté où on le découvre...

« Chargé par le gouvernement français de réclamer des économies, c'est à un tout autre point de vue que je me suis placé.

« Je me suis élevé contre la tendance commune à toutes les administrations, mais peut-être plus poussée à Genève qu'ailleurs, de voir et de faire grand. Inutile d'insister ici, vous saisissez ce que je veux dire : le luxe des fournitures de bureau, la floraison des documents imprimés dans les deux langues officielles et réunis en masses compactes au secrétariat de chaque délégation qui ne savait quel sort leur faire, le nombre des périodiques publiés, croissant sans cesse... Il fallut attendre deux ans pour qu'un délégué suggérât le système des commandes par adjudication... Une bibliothèque, organisée selon la méthode américaine, nécessitant plus d'employés que les grandes bibliothèques de l'Europe... Avant tout, des services annexes de la Société, dont il est impossible d'ailleurs de nier le très grand intérêt, tels que l'organisme d'hygiène ou les bureaux d'enquête du B. I. T., menaçant de proliférer avec une rapidité déconcertante...

« C'est dans cette direction que nous avons obtenu une satisfaction appréciable, grâce au concours actif de la commission de contrôle : le budget, qui était de 25 673 000 francs-or pour 1923, réduit en 1924 au chiffre que je vous indiquais au début, pourra être, pour l'exercice 1925, ramené plus bas encore, aux environs de 21 millions.

« Sur ce terrain, il reste, et il y aura toujours des économies à glaner. L'expérience prouve qu'elles pourront être réalisées en collaboration sincère avec le personnel dirigeant.

« Cependant, une grosse difficulté subsiste en ce qui concerne les budgets. On parle toujours dans le public du côté « dépenses ». C'est le côté « recettes » qui me préoccupe.

« L'article 6 du pacte a décidé que « les dépenses du Secrétariat sont supportées dans la proportion établie pour le bureau international de l'Union postale universelle ». Cette proportion avait été à l'origine fixée selon le gré de chacun des États adhérents à l'Union postale qui s'étaient inscrits, à peu près librement, entre sept catégories diversement imposées. Comme il s'agissait d'une dépense insignifiante, la plupart avaient préféré se hausser aux catégories supérieures. La satisfaction d'amour-propre de certains des États de la première classe se tourna en déception amère lorsque la Société des Nations, ayant réparti pour la première fois ses dépenses d'après ce barême, leur envoya la note à payer, qui les frappait d'une contribution identique à celle de la Grande-Bretagne et de la France. Des récriminations virulentes se firent jour dès la première Assemblée. Il fallut, sans désemparer, nommer une commission d'études.

« Celle-ci, après deux ans de tâtonnements et de recherches basées sur des chiffres antérieurs au bouleversement mondial, corrigés empiriquement pour tenir compte des dévastations matérielles subies par certains pays, soumit à l'Assemblée de 1922 un barême indépendant de celui de l'Union postale, qui fut l'objet d'un assentiment général, à une réserve près toutefois, c'est qu'il ne fût considéré que comme essentiellement provisoire.

« Tout le clan des demi-mécontents réclame une répartition établie, non plus d'après des données périmées, mais sur des statistiques actuelles établissant la capacité de paiement respective des États participants. On veut le « barême scientifique » : tâche qu'il est permis de qualifier de surhumaine si l'on se souvient, que, pour comparer l'étiage de la richesse d'un même pays, au cours d'années qui se suivent, le fameux « rapport des experts » a reconnu qu'il était extrêmement difficile de trouver des indices adéquats. Peut-on parler seulement de difficulté quand il s'agit de découvrir des indices s'appliquant à des pays aussi éloignés, à tous points de vue, que peuvent l'être Costa-Rica, la Perse et la France et, au travers des fluctuations des monnaies, de les traduire en une commune mesure?

« Et pourtant le temps presse ! Avant l'adoption du barême provisoire, qui les décharge sensiblement, certains États obérés avaient résolu pour leur part le problème en s'abstenant de répondre à l'appel du trésorier. La quatrième Assemblée a jugé qu'il était de la dignité de la Société des Nations qu'un arrangement d'abandon leur fût offert en bonne et due forme, contre promesse d'une ultérieure régularité.

« Je voudrais être assuré que toutes les assurances données seront tenues. Il importe surtout d'éviter la contagion du mauvais exemple, se couvrant du prétexte que le régime actuel de la répartition n'est pas le régime définitif attendu.

« Et c'est parce qu'il y a dans cette situation un point noir, que les amis de la Société des Nations ont un intérêt majeur à réduire, pour le moment, à ses limites les plus strictes, son budget.

« Il faut avoir fréquenté assidûment la quatrième commission pour saisir ce que j'appellerai l'envers de l'Assemblée : les résistances aux motions d'humanitarisme généreux, les accès de mauvaise humeur des délégués extra-européens contre les propositions de tâches nouvelles qui, selon eux, présentent presque toujours un intérêt plus particulier pour notre continent.

« On l'a bien vu l'année dernière quand, malgré tout le prestige dont jouit Nansen, la commission a refusé de relever à 300 000 francs, somme allouée en 1922, le crédit pour l'œuvre de placement des réfugiés russes dont l'illustre explorateur a accepté de se charger. Les délégués de l'Inde, de l'Australie, de l'Afrique du Sud, du Venezuela, sont intervenus pour appuyer la proposition de réduction de 147 000 francs formulée par la commission de contrôle, en soulignant qu'il n'était pas possible d'étendre indéfiniment les tâches de la Société « dans le but de diminuer les dépenses publiques des pays auxquels devraient incomber ces dépenses » et, passant outre aux abjurations de Nansen, après un premier vote passé à la majorité de 20 voix contre 9, la Commission a approuvé à l'unanimité la suggestion du représentant serbe d'inviter le secrétaire général à adresser un appel aux gouvernements des pays dans lesquels les réfugiés russes sont principalement répartis et où le haut commissaire a délégué des agents pour obtenir d'eux, à l'imitation de ce qui s'est fait en Serbie, la création de comités nationaux permettant à la Société de réduire son organisation.

« Il faut tout faire pour écarter le retour de débats aussi délicats et qui risqueraient, en poussant à l'analyse des profits que chacun retire, de relâcher la trame initiale sur laquelle doit être tracée, dans un effort de coopération soutenue et cordiale, la seule œuvre essentielle, l'œuvre de paix. »

# TROISIÈME PARTIE

## CE QU'ON EN PENSE EN FRANCE

Plus d'une fois au cours de cette enquête, l'auteur a dû se répéter à lui-même le précepte de Boileau : « Qui ne sut se borner... »

A mesure en effet, que j'avançais dans cette enquête, son ampleur grandissait et l'horizon s'élargissait devant moi. C'est ainsi que la partie de l'ouvrage que j'aborde maintenant aurait pu fournir la matière, à elle seule, d'un volume spécial ; il suffisait de procéder à une plus vaste consultation de toutes nos compétences nationales.

Désireux de laisser au lecteur le soin de tirer lui-même les enseignements de cet ouvrage, j'ai préféré borner mon enquête à la consultation d'un nombre de Français plus avertis que nombreux. Une méthode différente n'eût abouti, je le crains, qu'à des redites.

Néanmoins je dois confesser ici le regret que j'éprouve de n'avoir pu sonder plus avant nos hommes politiques. C'est en vain que je me suis adressé aux représentants les plus autorisés de nos partis extrêmes, à MM. Léon Daudet et Maurras, à M. Marcel Cachin.

Ni les tenants du nationalisme intégral, ni ceux du communisme n'ont désiré répondre à mes démarches. Une même attitude négative a uni une fois de plus les extrêmes. Pourquoi?

Est-ce parce que je demandais aux uns ce qu'ils pensaient du grand dessein de leur illustre aïeul, Henri IV? Est-ce parce que M. Marcel Cachin n'est point sûr que ses amis de Moscou ne se disposent à évoluer vers l'idée qu'il combat chaque matin dans son journal? Libre à chacun de se livrer aux hypothèses.

Il serait à notre avis plus simple de rendre responsable de cette lacune, dont je m'excuse, l'impéritie de l'auteur ou la colère des dieux.

I

**Ce qu'en pensent les hommes politiques.**

*M. Raymond Poincaré, ancien président du Conseil.*

De nombreux Français, même parmi ceux qui nous gouvernent ou qui ambitionnent de nous gouverner, parlent pour ou contre la Société des Nations ou simplement s'en moquent, sans la connaître le moins du monde.

M. Raymond Poincaré, à la présidence de la République, puis à la présidence du Conseil et aux Affaires étrangères, a eu le temps de se familiariser avec l'idée et la pratique de la Société des Nations. Je savais, lorsque je sollicitais de lui son opinion, que je m'adressais à l'un des plus avertis des Français en la matière. Voici ce que M. Raymond Poincaré m'a répondu :

« MON CHER CONFRÈRE,

« Mes adversaires me reprochent, dites-vous, d'avoir toujours parlé « avec tiédeur » de la Société des Nations. Je m'excuse de n'avoir pas, comme eux, l'habitude des températures élevées ; mes idées s'accommodent mal des climats brûlants ; mais, avec le calme qui convient aux convictions réfléchies, je me suis toujours exprimé sur la

Société des Nations dans des termes qui témoignaient d'une vive sympathie et d'une confiance absolue.

« Je connais des néophytes auxquels je semble, en effet, comme vous me l'écrivez, manquer d'enthousiasme.

« Je ne les ai pas vus cependant, il y a quelques années, se pencher avec moi sur le berceau de la Société. Mon ami M. Léon Bourgeois, lui, sait mieux que personne avec quelle attention j'ai suivi, en 1919, les négociations dont il était chargé pendant la préparation du traité de paix. Lorsque le premier conseil de la Société a tenu, le 16 janvier 1920, sa séance d'installation et qu'à l'unanimité il a choisi pour le présider l'homme d'État qui avait représenté la France en 1899 et en 1907, aux conférences de la Haye, une grande manifestation a été organisée à la Sorbonne, en l'honneur de la Société nouvelle, et M. Léon Bourgeois m'a demandé de présider cette solennité. J'ai tenu, tout de suite, à préciser exactement ma pensée. Aujourd'hui, disais-je, les constructions élevées par l'esprit de conquête se sont effondrées ; les classifications arbitraires ont disparu ; la liberté a été rendue aux peuples qui étaient soumis à une domination étrangère. Un grand et noble effort a été fait pour que chaque État correspondît désormais à une formation nationale, consciente et homogène. Là où cette œuvre de justice est restée inachevée, là où il a paru indispensable de procéder à des enquêtes, de réserver des décisions ultérieures ou de consulter les populations, et par exemple dans la Sarre, à Dantzig, à Malmédy, c'est la Société des Nations elle-même qui a été chargée de prendre les mesures nécessaires. Quelles que soient les lacunes ou les erreurs du traité de Versailles, il contient donc, malgré tout, une vertu morale qu'on ne saurait méconnaître et dont nous devons loyalement chercher à tirer parti, dans l'intérêt de la France et de l'humanité. A lire attentivement les quatre cent quarante articles qui composent ce traité, nous constatons que, seule, la Société des Nations les maintient en équi-

libre, comme dans une arcade le claveau central fixe tous les autres. Sans la clef de voûte, le cintre risquerait de s'écrouler... Sans doute, ce ne sera ni un conseil permanent, ni même une assemblée périodique des délégués des nations qui changeront instantanément l'âme des hommes. Au lendemain d'une guerre où il a coulé tant de sang, nous ne voyons encore que trop de passions incendiaires couver sur plusieurs points du globe et trop de peuples chercher à déborder les frontières qui leur ont été assignées. Mais c'est déjà beaucoup que tous les membres de la Société s'engagent réciproquement à respecter et à maintenir contre toute agression extérieure l'intégrité territoriale et l'indépendance politique de chacune des puissances signataires. C'est beaucoup qu'un grand conseil international, appuyé sur un statut contractuel, puisse évoquer demain, en cas de refus d'arbitrage, tous les conflits naissants et intervenir pour les empêcher de s'envenimer. C'est beaucoup qu'il soit désormais stipulé que si, contrairement aux engagements pris, un membre de la Société en appelle aux armes, il sera, par le fait même, considéré comme ayant commis un acte de guerre vis-à-vis des autres associés. C'est beaucoup que toutes les nations se promettent de dire aussitôt au perturbateur :
« Puisque tu as violé le pacte, puisque tu troubles la paix,
« nous ne te connaissons plus, nous rompons immédiate-
« ment avec toi toute relation commerciale et financière,
« et nous interdisons à nos nationaux respectifs d'avoir
« avec les tiens des rapports quelconques. » Certes, on aurait pu faire mieux encore, et il n'a dépendu ni de la France, ni en particulier de M. Léon Bourgeois, que la Société fût pourvue de meilleurs moyens de contrôle et d'action, qu'elle pût exercer sur les armements une surveillance effective et qu'elle eût la force de faire elle-même prévaloir ses volontés... Mais, à défaut même de ces clauses protectrices, dont la Société sera maîtresse de reprendre plus tard l'examen, l'organisation présente marque déjà

un progrès immense dans la vie des peuples civilisés.

« J'ai eu, depuis lors, maintes occasions de rendre publiquement la même justice à la Société. L'an dernier encore, au mois d'octobre, après que M. Cosma de la Torriente avait été choisi comme président de la quatrième assemblée, le comité France-Amérique lui a offert un banquet que j'ai eu l'honneur de présider, et cette réunion m'a permis d'adresser un nouvel hommage à la Société des Nations. Je constatais que M. de la Torriente avait réussi, par sa droiture et sa fermeté, à sauvegarder dans des circonstances délicates le prestige de la Société et à fortifier l'efficacité de son action et j'ajoutais : « La Société « des Nations a reçu des traités eux-mêmes une mission « très vaste, qui peut suffire à son activité légitime, et qui « intéresse directement la paix du monde. Personne, en « France, ne songe à restreindre ses attributions statu- « taires. Loin de là. Nous avons tous, au contraire, pour « elle, les sentiments de notre ami Léon Bourgeois qui « a bien le droit, je pense, de la considérer un peu comme « sa filleule. Les services qu'elle a déjà rendus, si grands « qu'ils soient, ne sont rien au prix de ceux qu'elle peut « rendre encore. Mais surtout elle habitue les peuples à « prendre de plus en plus clairement conscience de la soli- « darité qui les unit et, sans porter aucune atteinte à leur « indépendance, elle leur rappelle que nul d'entre eux « ne peut vivre isolé sur la terre. Elle ne méconnaît pas, « Dieu merci, la bienfaisante influence de l'idée de patrie « sur le progrès de la civilisation universelle, mais elle « accoutume les nations libres à se rapprocher dans la « cité morale de l'humanité. »

« Voilà, mon cher confrère, « ma tiédeur ». Peut-être ne la trouverez-vous pas si décourageante que des ardeurs intempestives et de fumeuses effervescences.

« Croyez à mes sentiments dévoués.

« RAYMOND POINCARÉ. »

*M. François Poncet, député de Paris.*

La fortune politique de M. Poncet a été rapide et méritée. Avec lui est entré dans la Chambre du 11 mai 1924 un homme dont l'intelligence et le caractère sauront en imposer à l'Assemblée. M. François Poncet a l'âme et l'étoffe d'un chef.

Ancien normalien, directeur de la Société d'études économiques et sociales qui publie chaque jour un bulletin dont le contenu équivaut à deux journaux de Paris, M. François Poncet possède à un haut degré le don de l'observation et l'art de tâter le pouls à l'opinion publique. C'est d'ailleurs à ce titre que le gouvernement français le chargea naguère de diriger les services d'information à la conférence de Gênes et dans la Ruhr, après l'occupation.

Les hasards de la campagne électorale ont placé M. François Poncet dans l'opposition. Celle-ci ayant été souvent accusée de vouloir male mort à la Société des Nations, l'avis du jeune député de Paris en revêt plus de prix.

« Si la Société des Nations disparaissait, m'a dit M. François Poncet, l'humanité serait privée d'une grande idée et d'une noble espérance ; elle ne subirait pas cette perte sans dommage ; elle en serait appauvrie.

Qu'ils aient foi ou non dans l'avenir de la Société des Nations, tous ceux qui se préoccupent de défendre et d'enrichir le patrimoine moral de l'humanité ont donc le devoir d'agir *comme s'ils avaient cette foi* et de se prêter au développement de la nouvelle institution.

La vérité de demain n'est souvent que l'utopie d'hier.

On ne saurait non plus négliger de considérer que la Société des Nations forme une partie intégrante, une pièce essentielle du traité de Versailles. Même de bons esprits croient qu'il n'y aurait pas grand inconvénient à supprimer le « Covenant ». C'est, à mes yeux, une grave erreur. Le « pacte de la Société des Nations » est une des assises du traité. Si on l'enlève, on ébranle le traité tout entier. Si l'on estime, comme je le fais pour ma part, que l'application exacte et sincère du traité de Versailles reste un des meilleurs moyens d'établir en Europe une paix durable, il faut résolument soutenir la Société des Nations. Une politique qui se réclamerait du traité de Versailles et ferait échec à la Société des Nations serait inconséquente, incohérente, imprudente aussi. Car où puiserait-on l'autorité nécessaire pour s'opposer à une modification, à une révision du traité, après qu'on l'aurait soi-même, sur un point de son choix, revisé à sa manière?

Je ne veux pas dire, d'ailleurs que les Français, assez nombreux, qui ont accueilli la Société des Nations, à ses débuts, avec réserve et froideur, aient eu tort. Il y avait quelque raison de craindre que la Société des Nations, dont les États-Unis, l'Allemagne, la Russie ne faisaient pas partie, mais qui était, en revanche marquée d'une forte empreinte anglaise, ne devînt un instrument moins propre à sauvegarder les intérêts de la paix européenne qu'à servir les desseins particuliers de la politique britannique. Aussi bien des voix bruyantes et considérables, en divers pays, ne se gênaient-elles pas pour réclamer que la Société des Nations procédât sans retard à la revision du traité de Versailles. On avait le droit de s'en alarmer.

Mais il semble que l'expérience des dernières années ait été de nature à dissiper ces craintes.

L'affaire de Haute-Silésie a manifesté avec éclat que la Société des Nations était capable de rendre un verdict indépendant, dicté par le seul sentiment de l'équité, et que, de son côté, la politique anglaise était prête à s'incliner loyalement devant une sentence, même contraire à ses vues, de la Société des Nations.

Depuis lors, en maintes circonstances également délicates, les hommes qui ont eu à conduire les destinées de la Société des Nations ont fait preuve d'une sagesse qui ne s'est jamais démentie. Ils se sont montrés constamment soucieux de maintenir la Société des Nations dans son rôle véritable. Ils ont su écarter les suggestions dangereuses et les conseils d'amis trop zélés, ménager les susceptibilités nationales, user de diplomatie, de patience et de modestie, acclimater ainsi, peu à peu, l'institution dont ils avaient la charge au milieu d'un monde plein de nervosité et de frémissements.

Aujourd'hui, il me paraît établi que la Société des Nations est viable. Les appréhensions qu'elle a suscitées à l'origine n'ont pas été justifiées. C'est un résultat considérable. Les hommes de bonne foi doivent le reconnaître et rendre en même temps hommage à l'œuvre utile dans tous les domaines, qui a été accomplie jusqu'ici (administration de la Sarre, conférences économiques, douànières et finàncières, organisation du relèvement de l'Autriche, etc...). Si la Société des Nations poursuit dans la voie où elle s'est engagée, si elle garde une juste conscience d'elle-même et des possibilités au milieu desquelles elle se meut, si elle profite de l'expérience pour assurer graduellement ses méthodes et affermir son crédit, il est permis de penser qu'elle réalisera l'espoir de ses fondateurs et sera, un jour, le temple de la paix.

La France, pour sa part, ne doit pas se désintéresser de la Société des Nations. Tout lui commande, au contraire, de travailler à la faire vivre et à la fortifier. Notre pays n'a rien à y perdre. Il a beaucoup à y gagner. Ce serait un malheur national si nous pouvions être rendus responsables de l'avortement de la Société des Nations.

L'un des éléments essentiels de la politique de nos jours, de la politique intérieure comme de la politique étrangère, c'est *l'opinion*.

Un régime, quel qu'il soit, n'a chance de durer, que s'il a pour lui l'opinion. Or, il y a une opinion publique internationale. Il existe une « opinion mondiale ». Voilà un fait que la guerre a mis en lumière, sinon créé. Rien ne servirait de le nier. Il vaut mieux compter avec lui. Une bonne politique, une bonne diplomatie seront, désormais, celles qui auront l'art de ranger de leur côté l'opinion du monde.

Cette opinion, elle s'élabore en partie à Genève, à la Société des Nations. En tout cas, elle s'y manifeste ; elle s'y laisse saisir. C'est là qu'on peut le mieux agir sur elle. Il faut donc que la France soit représentée, à Genève, par un véritable choix d'hommes d'élite, dotés de grands moyens, connaissant parfaitement notre propre pays, connaissant aussi les autres pays, leur langue et leurs mœurs, capables, par conséquent, de tenir en toute occasion, le langage le plus fécond et d'être entendus. Les délégués français à la Société des Nations n'ont pas été inférieurs à cette définition.

Ils n'ont pas failli à leur tâche. Ils ont pu constater aussi de quelle autorité, de quel prestige notre pays jouissait dans cette grande assemblée? Il suffirait d'un léger effort pour que la France fût assurée d'y prendre et d'y conserver le rôle d'un animateur et d'un guide.

Parmi les différents rouages de la Société des Nations, il en est un à l'égard duquel j'ai formulé des critiques : le bureau international du travail. Les observations qui précèdent aideront à comprendre le sens et la portée de ces critiques. La partie XIII du traité, d'où est sortie l'organisation internationale permanente du travail, est précédée d'un préambule dont je persiste à tenir pour regrettable la rédaction. Elle tend, en effet, à présenter comme iniques et insupportables les conditions du travail dans la société moderne, à ériger en vérité d'expérience l'exploitation de la classe laborieuse au profit des autres classes. Par là, elle risque de fournir aux tentatives de ceux qui prêchent la révolution sociale une sorte d'encouragement et de justification.

Il est bien clair cependant que les auteurs du traité

ont eu des intentions toutes différentes. De même que la Société des Nations était conçue par eux comme un instrument de pacification politique, l'organisation permanente du travail et son « bureau » devaient être un instrument de pacification sociale. Mais, si les circonstances politiques d'après-guerre rendaient difficile l'action de la Société des Nations et lui imposaient, dans l'intérêt même de son œuvre, toutes sortes de prudences et de ménagements, les circonstances de la vie industrielle et économique étaient encore plus délicates et n'exigeaient pas moins de précautions.

Si la Société des Nations, s'appuyant sur la lettre du Covenant, avait paru disposée à constituer une espèce de super-gouvernement, intervenant de son propre chef dans les affaires des nations, évoquant devant elles tous les litiges et rendant des arrêts souverains, il est probable qu'elle n'aurait pas vécu longtemps.

L'organisation internationale du travail se trouvait évidemment logée à la même enseigne.

Pour remplir son rôle et donner la preuve de son utilité, il fallait sans doute qu'elle pût agir. Mais elle devait choisir son terrain d'action, peser ses initiatives, limiter à dessein ses ambitions, éviter surtout de paraître susciter, réveiller ou entretenir des conflits que sa mission véritable est d'atténuer ou d'abolir.

A certains moments, le bureau international du travail parut semblable à un jeune cheval trop plein de feu, impatient d'être maintenu au pas sur une route semée de fondrières, et qui s'élance en avant au risque de rompre les brancards et de jeter la voiture dans le fossé.

Les critiques que j'ai adressées alors au bureau international du travail n'avaient pas d'autre objet que de le rappeler, en quelque sorte, à une plus juste appréciation du terrain et de lui crier casse-cou.

Elles ne s'inspiraient d'aucune hostilité, ni contre les principes, ni contre les personnes, mais seulement du vieil adage qui recommande d'aller doucement à celui qui veut aller longtemps. La Société des Nations s'est bien trouvée d'avoir observé ce précepte. L'organisation permanente du travail, qui n'est qu'une section de la Société, se trouvera bien de s'y être ralliée à son tour.

Les plus dangereux ennemis de la Société des Nations sont, encore une fois, ceux de ses partisans qui sont trop pressés ou trop fougueux, ceux qui veulent faire d'elle un article de dogme ou la confisquer au profit de telle ou telle chapelle politique. La Société des Nations vaut mieux que cela. Elle mérite d'avoir des amis qui l'aiment par raison, avec discernement, qui sachent, au besoin, lui rappeler la réalité et lui dire la vérité.

### *M. Léon Blum, député de Paris.*

Au cours de la campagne électorale dernière, M. Léon Blum, fidèle en cela aux traditions de son parti, n'a pas craint de porter la discussion sur le terrain international et de demander pour la Société des Nations, dans le domaine de la politique étrangère, une place de choix.

L'attitude du leader socialiste devait provoquer au cours même de la campagne, de la part de M. Raymond Poincaré, une sorte de condamnation dans le discours de Luna Park. C'est à quoi M. Léon Blum fait allusion dans la lettre qu'il a bien voulu m'adresser, lettre qui définit son opinion et celle de ses amis à l'égard de la Société des Nations.

« Je ne peux pas supposer un instant qu'en dénonçant le socialisme comme un parti international, M. Poincaré ait voulu atteindre, à travers nous, la Société des Nations ; il n'est pas un partisan enthousiaste de la Société des

Nations, mais je ne crois pas non plus qu'il en soit à ce point l'adversaire (1).

Je n'ai pas souvenir que Jaurès ait explicitement prévu la Société des Nations, tout au moins sous sa forme actuelle, mais vous savez avec quelle passion, dans les dernières années de sa vie, il s'était attaché à l'idée d'arbitrage, au point de voir, dans l'acceptation ou le refus préalables de l'arbitrage, le critérium entre la guerre d'agression et la guerre de défense.

La Société des Nations n'est pas une idée nouvelle dans le monde et elle se lie à tout un mouvement de pensée auquel Jaurès était ardemment attaché.

Vous me demandez si, vivant, il l'aurait conçue comme Wilson ou comme M. Léon Bourgeois. Wilson et M. Léon Bourgeois l'ont-ils conçue sous une forme si différente? Je ne crois pas. Mais, en ce qui concerne la force internationale, je suis porté à croire que Jaurès l'aurait acceptée comme le moyen le plus sûr, en l'état présent des choses, d'arriver aux désarmements généraux. Après l'expérience acquise, il serait entièrement impossible de supprimer la Société des Nations et la Charte internationale du travail. Personne, je dis personne, ne saurait avoir pareille illusion ou pareille prétention. Mais il est clair que pour les meilleurs amis de la Société des Nations, son organisation et son attribution actuellement ne sont encore qu'un commencement et une promesse.

Vous me demandez si pour la réaliser il faudra réformer la Société elle-même, ou l'opinion publique ou les gouvernants. Ma réponse est simple ; il faudrait les réformer les uns et les autres, et à mesure qu'on agira sur l'une de ces trois données du problème, l'action rétroagira sur les deux autres.

(1) Note de l'auteur. M. Léon Blum, en lisant la lettre de M. Raymond Poincaré que j'ai publiée plus haut, aura vu qu'il ne s'était point trompé.

*M. Paul-Boncour, député,*
*délégué de la France à la cinquième Assemblée.*

M. Paul-Boncour aura été le « clou » de la cinquième Assemblée, qui l'ignorait à peu près complètement à son début. Lorsque M. Paul-Boncour, député, ancien ministre, prit place en séance, à la gauche de M. Aristide Briand, tous les regards se dirigèrent vers l'ancien président du Conseil. On ne prête qu'aux riches... Tout au plus se demandait-on quelle était cette tête curieusement chevelue, au profil de médaille, mi-théâtrale, mi-conventionnelle, si farouchement attentive au moindre discours.

Huit jours après, chacun connaissait M. Paul-Boncour et son éloquence faisait recette à la Commission du Désarmement où il représentait son pays. De la façon la plus naturelle du monde, sans effort apparent, avec une connaissance du sujet à nulle autre pareille, le député du Tarn, que déjà illustra Jaurès, exposait le point de vue de son pays dans les questions ardues de la sécurité et du désarmement. Son patriotisme et sa clairvoyance allaient toujours de pair avec son éloquence.

Un jour, M. Loucheur, le montrant à des amis, s'écria : « Voilà Boncour qui porte sa tête des grands jours ! » Il la portait en effet, comme un saint-sacrement ; elle était pleine d'un magnifique discours dont il accoucha le 2 octobre et qui fut l'événement politique et oratoire de l'Assemblée de 1924.

— « Vous venez d'entendre de la belle musique, hein ! » disait Briand, qui s'y connaît, en interpellant M. Paul Hymans.

Et lui, l'auteur, porté pour ainsi dire en triomphe de la première tribune du monde jusqu'aux couloirs intérieurs, n'avait pas assez de mains ni assez de voix pour remercier tous ses admirateurs.

C'est ce jour, jour de gloire pour M. Paul-Boncour, bonne journée pour la France, que je le pinçai dans un coin de la salle de la Réformation, qui venait de servir de cadre à son triomphe.

Nous nous assîmes sur un canapé d'hôtel et là, je commençai par regarder mon interlocuteur dans les yeux. Les yeux des hommes politiques sont souverainement éloquents à certains moments de la vie, même lorsqu'ils ne reflètent rien du tout ! Il est des hommes, voire des hommes dits « d'État », qui, dans les moments de fièvre et principalement dans les manifestations populaires, ont l'œil rond, incolore, vague et, pour dire le mot, abruti. Il semble que les cris de « vive un tel » ou les applaudissements d'une assemblée fassent à ces hommes l'effet d'un coup de massue ; ils rappellent certains taureaux qui, à la grande déception du public, paraissent au soleil de l'arène étourdis et momentanément sans élan.

Ce qui me frappait au moment, historique pour lui tout au moins, où j'entrais en conversation avec M. Paul-Boncour, c'était la parfaite égalité de cet homme. Ni l'effort intellectuel et physique qu'il venait de fournir, ni les acclamations qui venaient pour ainsi dire mourir à ses pieds n'enlevaient à Paul-Boncour la maîtrise de lui-même, ne précipitaient sa parole, n'allumaient ou n'éteignaient son regard, n'égaraient sa pensée. Voilà, me dis-je, l'étoffe d'un homme d'État !

— Ça, voyez-vous, me disait-il en désignant la direction de l'Assemblée, où l'on traduisait — *traduttore traditore* — son discours, ça, c'est irremplaçable ! Voilà un milieu international que la guerre a créé et qui ne ressemble à rien de l'avant-guerre !

Nous avions autrefois des congrès diplomatiques, il est vrai, mais chacun y venait avec une seule préoccupation : faire triompher un point de vue, un intérêt, souvent un intérêt du prince, sans souci de l'intérêt des autres.

Ici, les points de vue, les intérêts particuliers subsistent, mais avec eux, à côté d'eux, existe un vif désir de s'entendre, une compréhension nouvelle de l'intérêt de la communauté internationale, et, par la publicité donnée à toutes les discussions, un respect de soi, de sa parole que l'ancienne diplomatie n'avait pas toujours connu.

Ma plus forte impression de néophyte, me demandez-vous, c'est d'avoir pu tâter le pouls de cinquante-cinq nations et de pouvoir rentrer à Paris en me flattant de connaître un peu mieux leur degré de température.

Voilà ma première impression et le premier résultat.

Et ma seconde impression, qui est aussi forte que la première, c'est la conviction profonde que j'ai acquise qu'à Genève, les hommes d'après-guerre ont construit quelque chose de solide et de durable. Le nombre des juristes dans les assemblées est assez grand pour donner aux travaux de Genève une autorité respectable, assez peu encombrant pour imprimer à l'œuvre un caractère réaliste et pratique que les foules souhaitent lui voir donner.

J'ajoute que les méthodes de travail en usage à Genève pourraient servir de modèle à nombre de Parlements ; en tout cas, je ne connais pas d'autre assemblée qui eût été capable, dans un délai aussi court, d'élever un édifice comparable à celui que nous venons d'élever. »

L'artisan français du protocole de sécurité revenait ainsi naturellement au sujet de son discours, le brillant avocat à sa cause la plus chère et Paul-Boncour me démontrait une fois de plus la richesse de son talent en faisant pour moi un nouveau discours sur la sécurité.

Ses phrases tombaient comme un écho de celles qu'à cette heure même, le télégraphe transmettait dans tous les pays du monde. Elles chantaient les mérites de la « nouvelle alliance » prévue par le Protocole de Genève, l'alliance qui n'est ni restreinte à un groupement de pays ou d'intérêts, ni dirigée contre qui que ce soit, si ce n'est contre cet « ennemi anonyme » que des juges impartiaux, en cas d'agression, désigneraient un jour à la vindicte universelle.

J'entends encore la belle voix de Boncour me répéter : « Nous bâtissons sur la réalité... Je crois en la valeur des forces morales... Assez des railleries dérisoires et subalternes... » Puis, l'idéaliste ayant parlé, l'homme des responsabilités gouvernementales réapparaissait et il disait : « Il faut que cette étape, celle du Protocole, soit franchie d'un cœur pleinement consentant. Nous avons bâti la maison, je crois qu'elle est solide, c'est aux gouvernements de faire qu'elle puisse être habitée. »

— Que n'êtes-vous au gouvernement, ne pus-je m'empêcher de dire à Paul-Boncour.

Notre conversation était devenue, comme on le voit, idyllique. Je m'en aperçus et je me souvins alors que j'avais deux questions précises à poser à mon interlocuteur. La première était cette vieille marotte que j'ai promenée un peu partout sur les routes de mon enquête.

— D'où vient, monsieur Paul-Boncour, que cette Société des Nations, qui vous a conquis et que vous venez de conquérir à votre tour, soit à ce point indifférente aux Français?

— C'est un problème assez complexe, me répond Paul-Boncour. A première vue, je crois que l'indifférence des Français en matière de Société des Nations provient du manque d'éducation, je veux dire provient du fait que nos compatriotes n'ont pas été suffisamment instruits à ce sujet. La presse avait, dans ce domaine, un devoir à remplir. Elle ne s'en est acquittée que partiellement.

Et puis, disons les choses telles qu'elles sont, l'opinion publique française est docile aux suggestions du Pouvoir. Or, dites-moi depuis quand le Pouvoir, en France, a suggéré à l'opinion que la Société des Nations avait du bon?

Enfin, l'opinion publique est peu sensible à des textes : peu lui chaut de lire des résolutions : elle réclame des résultats. Que la Société des Nations lui donne la sécurité d'abord, la réduction des armements ensuite... et vous la verrez courir après.

— Oui, mais en attendant, c'est vous, Paul-Boncour, ce sont vos amis de gauche qui monopolisez une idée qui devrait appartenir à tout le monde.

Paul-Boncour ouvre les bras, puis les mains :

— Que voulez-vous, c'est fatal, me dit-il, et tant pis pour les autres. De plus en plus, la politique extérieure d'un pays conditionne sa politique intérieure et j'ai, quant à moi, la conviction que l'avenir de la Société des Nations dépend du succès des partis de gauche, en France et ailleurs. »

A ce moment, un confrère de la presse, Roger Bontemps, un sceptique, qui lisait — *horresco referens* — *l'Action française*, vient à nous, le journal à la main et dit :

— Boncour, voici un bon mot de Daudet.

— Pas possible !

— « Il faut que Genève se passe. »


## II


**Ce qu'en pensent les catholiques.**

*Une conversation avec le Père Yves de la Brière,*
*professeur à l'Institut catholique de Paris.*

On peut être internationaliste — c'est-à-dire avoir le sens et le goût de la solidarité et de la coopération internationale — et n'être point catholique. Mais je ne crois pas qu'on puisse être catholique sans être internationaliste.

Un catholique est l'homme qui doit appeler du nom de

frère son prochain quel qu'il soit. Nul ne possède autant que lui, par définition et par devoir, le sens de la fraternité et de l'universalité.

Cela étant posé, comment expliquer qu'un pays comme la France, où le catholicisme a poussé de si profondes racines, ait paru bouder jusqu'à ce jour la Société des Nations? Pourquoi les trente-six millions de catholiques français n'ont-ils pas salué, dès son aurore, cette Société nouvelle dans laquelle il semblerait qu'ils eussent dû reconnaître un reflet de leur idéal?

Voilà bien, en tout cas, une question que je devais me poser à moi-même au cours dè cette enquête.

Bien avant d'écrire cet ouvrage destiné au grand public, le problème des relations des catholiques avec la Société des Nations m'avait intrigué.

Dès que j'ai commencé de l'explorer, j'en ai senti toute l'ample gravité. Aussi dois-je m'excuser si, dans cette revue, nécessairement brève, de l'opinion française, il n'occupe point la place que j'aurais désiré lui donner.

Aussi bien ai-je pensé que la méthode la plus simple pour l'effleurer, sans cesser d'être objectif, était de m'adresser à l'un des maîtres de la pensée catholique. Pour prendre place dans cette enquête, il me fallait quelqu'un chez qui la doctrine sûre allât de pair avec une parfaite connaissance des questions internationales.

C'est alors que j'ai pensé au Père Yves de la Brière, professeur à l'Institut catholique, l'un des dirigeants de la revue *les Études*, dont l'autorité est si grande auprès de l'élite catholique intellectuelle de ce pays.

Je connaissais — pour l'avoir rencontré à Genève — ce Père, de l'ordre de Jésus, qui dédiait en 1918 à la mémoire de son illustre maître en droit international, Louis Renault, un livre prophétique sur la Société des Nations.

— Ainsi, dis-je à l'éminent professeur, vous avez été, au moins une fois dans votre vie, prophète dans votre pays?

— Si vous lisez mon livre, vous constaterez, me répond le révérend père, que je n'étais pas tendre alors pour la future Société des Nations. L'opinion catholique a accueilli en effet avec scepticisme et même avec défiance la conception wilsonienne de la Société. Celle-ci nous apparaissait un peu comme une déesse de l'Olympe.

Dans les messages du président Wilson, dans les manifestes maçonniques et socialistes où elle a trouvé malheureusement ses premières apologies, on nous annonçait le nouvel organisme international comme devant inaugurer un monde absolument différent de celui que l'on avait connu jusqu'alors. On parlait d'installer ici-bas le règne de la paix universelle et perpétuelle.

Pareille conception était jugée par nous chimérique, ses inspirations philosophiques et doctrinales, inquiétantes.

M. Wilson et ses amis protestants paraissaient désireux d'attribuer à la Société des Nations un rôle que les catholiques ont attribué traditionnellement au Saint-Siège.

On rapportait des mots plus spirituels que prudents, tel celui d'un diplomate qui disait en quittant Genève pour Rome : « Je quitte une aurore pour aller vers un crépuscule. »

Mais bientôt la Société des Nations entrait dans le domaine des réalités politiques ; peu à peu, l'organisme se montrait différent de celui qu'on avait imaginé : l'idéal avait composé avec le réel.

Il ne s'agissait plus de superposer un sur-État universel aux États nationaux. Ceux-ci resserraient simplement les liens antérieurs de leur communauté juridique, par voie d'engagement contractuel. Nous n'avions devant nous, tout bourgeoisement, qu'une conférence de la Haye perfectionnée.

Dès lors les préventions d'ordre doctrinal n'avaient plus d'objet. La Société des Nations ne faisait que consacrer un état politique et juridique répondant équitablement aux nécessités du monde contemporain. Dans ces conditions l'attitude des catholiques était tout indiquée.

Nous n'avions aucune peine à reconnaître que le principe d'une communauté juridique entre nations indépendantes, pour régulariser la vie internationale, est une conception louable et utile, parfaitement concordante non seulement avec les conditions du monde contemporain, mais aussi avec les postulats du droit naturel et de la morale évangélique.

— Cet état d'esprit favorable à la Société des Nations va-t-il jusqu'à la collaboration?

— Pour collaborer, il faut, n'est-il pas vrai, être deux. Or, il n'est pas douteux — et ceci a indisposé un grand nombre de catholiques — qu'à ses débuts, la Société des Nations a ignoré à peu près complètement la force catholique. Pourtant est-il une autre puissance humaine capable de donner une collaboration plus efficace à la redoutable tâche de moralisation des rapports internationaux?

— Pouvez-vous me citer un ou deux cas typiques dans lesquels votre collaboration fut négligée?

— Je vous citerai la question des minorités, par exemple; il est trop vrai que beaucoup des hostilités catholiques envers la Société des Nations sont dues à l'attitude de la Société à l'égard des minorités catholiques.

Visiblement celles-ci ont occupé la S. D. N. moins que les minorités juives et dissidentes; or, c'est précisément à propos des minorités catholiques que la collaboration de la S. D. N. avec le Vatican s'imposait le plus naturellement.

— Certaine question de Palestine ne vous a-t-elle pas aussi indisposés?

— Nous avons eu des appréhensions lorsque le projet de mandat anglais sur la Palestine, — projet qui méconnaissait absolument les droits des catholiques sur les Lieux saints, — a été soumis à la Société des Nations.

Mais je dois reconnaître que le Conseil, en juillet 1922,

a disjoint l'article sur les Lieux saints et les collectivités religieuses. La question est demeurée depuis lors en suspens.

La tranchera-t-on sans causer avec le Saint-Siège?

— Il y aurait un moyen de causer, mon Père, ce serait d'assurer au pape une représentation à Genève?

— Ce genre de collaboration, me répond l'éminent professeur, n'est ni nécessaire ni désirable.

D'abord, Rome ne tient pas à être représentée à la Société des Nations, et toute autre raison disparaît devant celle-là.

En second lieu, beaucoup d'affaires — parmi celles qu'on traite à Genève — n'intéressent pas directement le Saint-Siège.

Enfin et surtout, l'intervention du Saint-Siège dans un différend purement politique ou d'intérêt matériel pourrait devenir délicate et compromettre, sans aucune compensation, son autorité morale.

— Ainsi, pas de délégation papale?

— Ce serait inutile et dangereux. Mais il est si facile de collaborer autrement! Croyez-moi, avec un peu de bonne volonté, la Société des Nations et le Vatican sont deux puissances qui pourront toujours causer, et le plus souvent s'entendre.

— De vos très intéressantes observations, mon Père, je retiens que nulle hostilité contre la S. D. N. n'existe plus parmi les catholiques de France.

Dois-je comprendre que tous nourrissent à son égard une sympathie pareille à la vôtre?

— Je crois qu'on peut distinguer deux parts dans l'opinion catholique française en cette matière. L'une, toujours très nombreuse, qui considère avec scepticisme mais sans hostilité foncière l'œuvre de Genève, qu'elle ignore au surplus à peu près complètement.

Une autre qui se divise en deux catégories : l'une adhérant à la Société des Nations avec une ferveur d'idéologues ; elle est constituée principalement par les sillonnistes portés au pacifisme humanitaire. Le nombre de ces fidèles a décrû dans la mesure où la Société des Nations s'est éloignée des nuages wilsoniens.

Reste la catégorie de catholiques, la plus nombreuse, dont je suis, sympathique en effet à la S. D. N., mais sympathique avec mesure, avec discernement, qui se réserve le droit de voir de près, d'examiner, de critiquer ; sympathie agissante aussi, ajoute le père Yves de la Brière, en saisissant à portée de sa main toute une bibliographie, préparée évidemment pour mon édification.

Voici l'histoire toute récente de notre *Union catholique d'études internationales* qui déjà par trois fois, depuis 1920, à Fribourg, à Paris, à Milan, a réuni les universitaires catholiques voués à l'étude des rapports internationaux.

Voici notre revue *Justice et Paix*, organe de la Ligue des catholiques français pour la justice internationale. Elle vient de recevoir l'adhésion des 150 000 membres de la jeunesse catholique française et des 600 000 membres de la Ligue patriotique des Françaises.

Le R. P. Yves de la Brière ouvre cette revue à la première page et me dit :

— Voici qui résumera notre conversation, car le programme de *Justice et Paix* est le programme de nous tous.

Et il lit :

« Le jour où les catholiques, en grand nombre, suivront avec attention le travail de la Société des Nations, on pourra entrevoir le moment où ils y joueront le rôle qui leur appartient et qu'ils eussent dû s'efforcer de prendre dès la création de cette Société, qui répond en partie à la plus noble des idées chrétiennes. »

Notre conversation était terminée. Je me levai, le Père m'imita. Par la fenêtre de son bureau, on apercevait le dôme des Invalides rougi par le soleil couchant.

Le tintement d'une cloche parvenait jusqu'à nous dans la direction du Champ-de-Mars.

— L'angélus !.dit le Père.

— Pas encore, répondis-je..., cette cloche, je viens de la voir en passant à la foire de Paris. C'est une cloche-réclame. Elle a ceci de particulier, mon Père, qu'elle est actionnée par la force électrique.

— Alors, c'est la mort du sonneur ! encore une tradition qui s'en va ! dit le Père en souriant.

— Bah ! lui répliquai-je, ne faut-il pas s'adapter à tout?... même à la Société des Nations?

Le Père sourit avec indulgence et je partis.


## III

**Ce qu'en pensent les humoristes.**

La Société des Nations ayant reçu, comme l'a dit M. Jules Destrée, « le baptême de l'ironie », comment n'aurais-je pas prié les maîtres de l'humour français d'apporter leur précieuse contribution à cette enquête. Voilà pourquoi je me suis adressé à MM. G. de La Fouchardière et Curnonsky.

Leur réponse ne nous rappelle pas seulement qu'ils ont l'un et l'autre infiniment d'esprit, elle nous apporte la preuve qu'on peut accomplir le miracle quotidien de jeter autour de soi un regard de philosophe et s'empresser d'en rire... pour n'en point faire pleurer.


### *M. G. de La Fouchardière.*

« Bien certainement il faut y croire, comme il faut croire aux autres formes de l'égalité, de la liberté, de la fraternité, de la justice, toutes choses qui n'existent pas, mais sont les attributs symboliques d'une providence à laquelle doit croire tout homme bien élevé. »

Or, monsieur Ruffin vous compliquez la question en demandant :

« Croyez-vous que l'ironie soit une opinion politique? A l'égard de la Société des Nations, pensez-vous que le persiflage soit justifié? Pourquoi tant de Français la prennent-ils à la blague? »

— Parce que le principe de la Société des Nations, tout comme la déclaration des Droits de l'homme et du citoyen, est une conception d'ironie supérieure.

Au cours des siècles, il y eut souvent des associations de nations opérant aux carrefours des peuples, comme aux carrefours des grandes routes opèrent des associations de malfaiteurs. Ces trusts s'appelaient des alliances ou des coalitions ; ils imposaient par les armes le droit et la justice, qui se confondent tantôt avec l'argent, tantôt avec la force.

Une nation est une personne morale susceptible, agressive, vindicative ; lorsque plusieurs nations mettent en commun leur capital social, c'est-à-dire leurs rancunes, leurs ambitions, leurs drapeaux et leurs hymnes nationaux, il faut s'attendre à ce que la société donne à ses, actionnaires de glorieux dividendes : des arcs de triomphe, des jambes et des bras artificiels, par milliers, des monuments commémoratifs et des souvenirs impérissables dont témoignent dans les cimetières les discours des administrateurs et les rapports des commissaires aux comptes.

Remarquez qu'une Société des Nations, anonyme *limited* ayant pour but non pas l'exploitation de la guerre, mais le maintien de la paix, n'est nullement invraisemblable pour paradoxal que paraisse son but.

Il nous est arrivé de voir des militaires qui se rassemblaient dans un café après avoir laissé leurs sabres au vestiaire et qui faisaient tranquillement une manille sans se disputer une seule fois au cours de la soirée.

Hier encore, j'étais disposé à considérer la Société des Nations comme une assemblée aussi sérieuse et aussi pacifique qu'une société de militaires réunie dans un café pour faire une manille.

Malheureusement, hier soir, j'ai assisté, dans un théâtre très parisien, à une de ces petites pièces très parisiennes qui consistent en trois actes d'une demi-heure, coupés par deux entr'actes de quarante minutes.

Pendant les entr'actes, pour charmer les mornes loisirs du spectateur, une entreprise de publicité fait passer sur un écran diverses réclames commerciales ou politiques.

A un moment donné, on projeta l'image d'une façade impressionnante devant laquelle posait un groupe fort distingué.

Image commentée par ce texte explicatif :

« Le roi et la reine de Roumanie à Genève. Pour la première fois, on voit des souverains pénétrer dans le palais de la Société des Nations. »

En principe, les rois ne devraient pas se commettre dans une société qui est forcément mélangée et n'a rien d'aristocratique. Et puis les rois ont trop l'esprit de famille pour avoir l'esprit pacifique, car ils n'hésitent pas à faire la guerre (qu'est-ce qu'ils risquent?) pour procurer une situation à un de leurs beaux-frères ou de leurs cousins.

Vous me direz qu'on ne peut pas prendre au sérieux des souverains balkaniques qui relèvent de l'opérette.

Alors comment voulez-vous prendre au sérieux une Société des Nations qui accueille dans son sein des souverains balkaniques?


*M. Curnonsky.*

J'avais posé au délicieux ironiste Curnonsky la question suivante : « Croyez-vous que l'ironie soit une opinion politique? »

M. Curnonsky m'a répondu :

« Pour ma part, je n'en jamais eu d'autre. »

Les politiciens ayant eu de tout temps la déplorable manie de se prendre au sérieux, il est bon de les ramener parfois au sens de la relativité, de leur rappeler que la politique est le seul métier que n'importe qui puisse exercer sans avoir jamais rien appris et que les destinées des États dépendent de tout autre chose que de leurs boniments et calembredaines.

Les hommes d'État — on en compte deux ou trois par siècle — ont toujours été de délicieux ironistes qui connaissaient la vanité des choses. Et ceux qui ont fait le moins de mal sont aussi ceux qui ont fait le plus de mots.

Talleyrand ne s'en privait pas, ni même Bismarck qui montrait, paraît-il, dans l'intimité une gaieté redoutable et retentissante.

Les hommes de gouvernement — on en compte cinq ou six dans les partis aptes à gouverner — sont le plus souvent de joyeux lurons qui ne cherchent qu'à bien vivre aux frais de la princesse. Mais il faut bien constater, hélas! que sous tous les régimes, l'esprit a toujours été « de l'opposition ».

... Revenant à mes moutons, je veux dire au sujet de mon enquête, je demandai encore à M. Curnonsky, prince de l'à peu près : « Pensez-vous, mon cher confrère, qu'à l'égard de la Société des Nations l'ironie et le persiflage soient justifiés?

— Je ne pense pas que la Société des Nations soit tabou, du moins jusqu'à l'année prochaine, et je ne vois pas pourquoi ses actes ou ses décisions seraient au-dessus de la critique. Je les attends, d'ailleurs, sous un orme séculaire (comme tous les ormes) et avec une impatience apaisée par l'âge et la désillusion.

On me dit que la Société des Nations est un aimable prétexte à sinécure, qu'elle assure de gros traitements à de petites dactylographes bien gentilles et à de jeunes diplomates.

Allons, tant mieux, il n'y aura jamais trop de fonctionnaires, puisque ce sont eux qui entretiennent et ravivent l'esprit d'irrespect auquel ce pays a dû tant d'heures aimables de son histoire.

— Dites-moi, monsieur Curnonsky, pourquoi tant de Français prennent la Société des Nations « à la rigolade ».

— Eh ! mon Dieu, parce qu'ils sont Français, et aussi parce qu'ils savent, et par quelle douloureuse expérience, que les parlotes n'ont jamais abouti qu'à préparer d'abominables conflits. Il me souvient que vers 1910 ou 1911, quand le Congrès de la paix se réunit à la Haye dans un beau palais tout neuf, quelques mauvais esprits, dont j'étais, se dirent :

« Ces aimables causeurs vont nous attirer une de ces catastrophes ! »

Ça n'a pas raté ! et j'ose dire que la catastrophe a passé notre attente ! C'est pourquoi je me méfie, et je ne suis pas le seul. Ce bloc enfariné ne me dit rien qui vaille. Je croirai à la Société des Nations le jour où elle sera devenue une police internationale disposant de moyens de répression redoutables, et même alors, je ne serai pas très rassuré... Car les polices ont une tendance naturelle à courir au secours des plus forts.


IV


**Ce qu'en pensent les écrivains.**


*Henri Béraud.*

J'étais sûr qu'en demandant à Henri Béraud un avis sans détours sur la Société des Nations, j'obtiendrais une réponse taillée à la mesure de l'homme.

Mais j'avoue sincèrement que je ne m'attendais pas à trouver dans le robuste auteur du *Vitriol de Lune,* du

*Martyre de l'obèse* et de *Lazare* une âme aussi désabusée. Comme son Jean Mourin, Henri Béraud a fait un rêve, et il en est revenu. C'est lui qui le dit ici avec une tristesse amère qui fait honneur à la générosité de ses sentiments :

« Je ne crois plus à rien. En 1919, j'en voulais à mon cher Roland Dorgelès d'avoir écrit : *Il y aura toujours, toujours des guerres!...* Dorgelès avait raison. La haine habite presque tous les cœurs; elle y fait bon ménage avec l'envie et la rancune. Ce sont là des sentiments éternels, qui tiennent à la nature des hommes. Je commence à croire que, chez la plupart, cela étouffe tout autre mouvement de l'âme. Il est donc à craindre que les États n'organisent jamais que cette sorte de sentiment-là. On ne fait du patriotisme et même de la bravoure en tous lieux, que pour détourner les peuples de leurs desseins et de leurs appétits. Tout comme dans les luttes individuelles, les vrais ambitieux attisent et occupent sans cesse la haine de leurs rivaux.

« A quoi bon lutter? La bêtise est universelle et immortelle. Il est peut-être sage de lui donner des fins imbéciles.»

### *Léon Deffoux.*

Léon Deffoux est Parisien, et rien de ce qui se voit, se passe, s'imprime ou se lit dans Paris ne lui est étranger. Il a même sur ses concitoyens l'avantage de lire beaucoup de choses que ceux-ci ne liront jamais.

Car ce jeune membre du Comité de la Critique littéraire possède la confiance et l'amitié des plus grands éditeurs de Paris qui s'en remettent à son jugement du soin d'apprécier mainte production littéraire.

Léon Deffoux a tiré pour lui-même un enseignement de ses nombreuses lectures : il écrit peu mais bien et *le Communard* passe aux yeux des lettrés pour un pur petit chef-d'œuvre.

Ne vous étonnez pas si ce Parisien fureteur et universel est un doux philosophe chez qui le scepticisme n'a d'égal que la charmante urbanité, celle de sa grande ville.

« Oui, les premiers sentiments qui se manifestent lorsqu'on parle de la Société des Nations sont généralement déplorables, me dit-il. Ils expriment soit la méfiance, soit l'ironie, soit la blague. Pourquoi?

Ils expriment la méfiance parce que trop de gens ont perdu l'habitude, depuis le 11 novembre 1918, d'ajouter foi à ce qui sort des conférences internationales. Il existe même, chose plus grave encore, des gens qui ne s'intéressent plus aux conférences internationales.

Mais pourquoi faire de l'ironie, pourquoi blaguer une œuvre où il y a peut-être les germes d'une paix durable?

Ah! vous répondent les gens méfiants ou ceux qui ne s'intéressent plus aux conférences, comment se défendre autrement que par l'ironie et par la blague contre la solennité de certaines formules?

Mais ce ne sont là que les premiers sentiments, les sentiments naturels (ceux dont il convient de se garder), les sentiments d'esprits vraisemblablement mal renseignés.

La Société des Nations ne s'en porte pas plus mal pour ça. Au contraire. J'imagine que la Société des Nations est une de ces grandes et belles idées qui gagnent à être ainsi méconnues.

Son action, toute mystérieuse et incontrôlable pour le profane, perdrait sans doute son efficacité si elle pouvait être comprise par tout le monde.

Ainsi certains remèdes gardent leurs propriétés bienfaisantes tant que la formule en demeure secrète.

Tâchons donc de conserver longtemps vis-à-vis de la Société des Nations, cet état « d'heureuse ignorance » grâce auquel nous échappons à de grands périls sans même nous douter qu'ils nous ont menacés. »

*René Benjamin.*

L'homme qui a écrit les *Justices de paix*, ou les vingt façons de juger dans Paris, m'apparaissait comme l'un des plus qualifiés pour me parler pertinemment de la justice, voire même de la paix tout court.

J'avais compté sans la modestie de René Benjamin. Le philosophe sceptique, terreur des juges de paix et des « sorbonnards » « n'opère », si j'ose dire, qu'à l'intérieur et lui qui réfléchit sur tout avant d'en entretenir tant de lecteurs ou d'auditeurs ravis, n'a jamais eu le temps de fixer son esprit sur la Société des Nations.

En quoi l'auteur de *Gaspard* est représentatif d'un grand nombre de ses concitoyens :

« N'ayez pas une minute l'illusion que je puisse répondre quoi que ce soit de sensé à la question que vous me posez. Outre que toutes les folies qui m'environnent pourraient me faire perdre le jugement, le problème de la Société des Nations m'est, hélas ! aussi inconnu que l'électrification des chemins de fer ou l'avenir du ciment armé. Pourquoi dire des sottises, des médiocrités? Pourquoi faire de l'esprit dont cent confrères sont capables? J'ai beau faire pas mal de conférences, j'aime le silence, la vie est courte ; j'ai le temps, cher monsieur, d'étudier très peu de choses. Mais le regrettez-vous, direz-vous? Parbleu, je voudrais de tout mon cœur être universel. Et je m'engage, si ça m'arrive un jour, à vous l'écrire tout de suite. »

*M. Georges Goyau, de l'Académie française.*

Je confesse que la réponse qu'on va lire de M. Georges Goyau a provoqué chez moi un véritable soulagement. Enfin ! me dis-je, voici un écrivain français qui a foi dans la Société des Nations. Et un membre de l'Académie française, encore !

Ainsi, l'on ne m'accusera pas de n'avoir choisi dans le monde des lettres françaises que des adversaires ou des sceptiques.

Il faut dire que l'éminent historien catholique était préparé à cette foi nouvelle par ses études mêmes. L'auteur de *l'Allemagne religieuse* et de tant de livres documentés et sagaces a, depuis sa jeunesse, accoutumé de regarder par-dessus les frontières de son pays, ce qui est peut-être la meilleure manière d'aimer celui-ci. On ne s'étonnera donc point que M. Georges Goyau apporte l'appui de sa haute autorité à l'œuvre de Genève considérée du point de vue le plus élevé. On constatera au surplus maint contact entre la pensée de M. Georges Goyau et celle du Père Yves de la Brière que nous exposons dans le chapitre de cette enquête intitulé : *les Catholiques et la Société des Nations.*

« Il serait naïf de voir dans la Société des Nations je ne sais quel super-État qui, d'un coup de baguette magique, serait appelé à changer la face du monde.

« Mais s'il est permis de sourire d'une pareille conception, je ne crois pas qu'il soit permis de parler avec légèreté, comme trop souvent on l'ose, de la Société des Nations.

« Quelles objections peut-on faire à l'institution d'une communauté juridique entre nations indépendantes, aspirant à régulariser la vie internationale? Le désordre même dont le monde nous donne le spectacle nous invite à accueillir sans ironie toute initiative loyale qui aspire à remettre un peu d'ordre, et qui parfois y réussit. Il fut bon pour l'Europe que la Société des Nations existât, lorsque la question de Haute-Silésie dut être tranchée. Il est heureux pour l'humanité qu'il y ait à Genève un organisme susceptible d'étudier et de préparer certaines solutions et de coaliser les efforts des divers peuples contre les périls ou contre les fléaux que tous redoutent ou déplorent. Esclavagisme africain, traite des blanches, vente criminelle des stupéfiants : ce sont là des maux dont la répression requiert une entente internationale. La Société des Nations est toute désignée pour concerter cette entente. Il est souhaitable, enfin, pour le savoir humain, que la Commission de coopération intellectuelle de la Société des Nations s'efforce de remédier à la détresse des intellectuels, et de créer des liens entre les chercheurs des divers pays, et de centraliser les résultats du travail commun.

« Du jour où la Société des Nations, comme le souhaiterait en Angleterre lord Parmoor, membre du gouvernement Macdonald, envisagerait, pour l'œuvre de paix et de justice internationale qu'elle poursuit, une collaboration avec la papauté, elle désarmerait un certain nombre de suspicions, et ferait par surcroît un acte d'équité en rendant hommage à la haute souveraineté religieuse qui fut au moyen âge la cime de la chrétienté, premier essai d'une Société des Nations.

« Léon XIII, en 1888, dans son encyclique aux évêques brésiliens, citait les textes de saint Paul sur la fraternité humaine, et ajoutait : « Grâce à ces pages glorieuses, non « seulement la race des hommes recouvre ses titres « d'honneur avec un surcroît d'éclat, mais quel que soit « leur pays, leur langue, leur rang, les voilà tous unis « entre eux, très chrétiennement, par le lien d'une frater- « nelle entr'aide. » Ce furent là comme des greffes divines qui furent fécondes pour le bonheur public, lorsque, au cours du temps, l'effort de l'Église se poursuivant, la *Societas Civitatum*, renouvelée à la ressemblance d'une famille, se resserra chrétienne et libre.

« Ces lignes de Léon XIII sont antérieures de trente et un ans à la paix de Versailles : j'aime y voir l'acte de baptême de la nouvelle *Societas Civitatum*. Politiques soucieux de la paix entre États de bonne volonté, mystiques fervemment attachés à la culture de certaines « greffes divines » doivent s'intéresser, les uns et les autres, à ce qui se passe à Genève, avec une sollicitude amicale. »


# V

**Ce qu'en pense l'Université.**

a) *Les maîtres : M. Paul Appell,*
*recteur de l'Académie de Paris.*

Un grand et solide vieillard, Alsacien de race, à l'esprit encyclopédique, M. Paul Appell, recteur de l'Académie de Paris, préside aux destinées du plus grand établissement universitaire de France. Sous le poids de cette responsabilité, celle d'une jeunesse à instruire et à diriger, ce corps robuste comme le chêne plie comme le roseau et ne rompt point.

C'est sans doute parce qu'il est soutenu dans sa tâche par une vaillante et lucide intelligence dont la flamme vive et mobile pétille dans deux petits yeux ronds.

Cet homme d'étude a toujours été un homme de conviction et d'action. Il joint à son titre de recteur celui de président de l'Association française pour la Société des Nations. Double raison pour l'interroger sur les rapports de la Société avec la pensée universitaire.

***

A ma première question : « la Société des Nations compte-t-elle beaucoup d'amis dans l'Université? », M. Paul Appell fait une réponse qui me surprend d'abord quelque peu.

— Je n'en sais rien, me dit-il, pour la bonne raison qu'en cette matière, les maîtres et les élèves ne me font point leurs confidences.

Ceux de nos professeurs qui ne prisent pas la Société

des Nations ne viennent pas me le dire, vous le pensez bien. Mais si l'Université comptait des adversaires déterminés de l'institution, cela se saurait, évidemment.

Par contre, nombreux sont à Paris et en province les maîtres qui ne cachent point leurs sympathies pour la Société des Nations et qui s'efforcent de les répandre autour d'eux.

Nous parlions de ces choses au lendemain des élections du 11 mai.

— Mon gendre, poursuit M. Paul Appell, M. Émile Borel, professeur à la Faculté des sciences, élu dans l'Aveyron, m'assure par exemple qu'il a dû, pour une large part, son succès et celui de ses amis à la campagne qu'ils ont menée en faveur de la Société des Nations. Cela prouve, n'est-il pas vrai, que les ouvriers et les paysans de France sont aussi capables que les universitaires de comprendre la nécessité et les avantages de la coopération internationale.

— Par quoi, monsieur le recteur, se traduit, en dehors des luttes électorales, l'attachement des maîtres de l'enseignement à l'idée de la Société des Nations?

— L'une des formes de cette foi agissante s'est exprimée récemment par la création d'un comité d'action. Nous avions observé que de grands groupements français, à qui la Société des Nations est également chère, « l'Association française pour la Société », « l'Union fédérale des associations de combattants » et « le Groupement universitaire pour la Société » marchaient en ordre dispersé. Nous avons décidé de leur imprimer une direction générale commune, vers un idéal commun.

— Vous venez de me parler d'un groupement universitaire. Groupe-t-il à la fois les maîtres et les élèves?

— Si les étudiants ont la direction de ce mouvement, les professeurs les suivent très volontiers et ont adhéré en très grand nombre an groupement.

— Cette collaboration de vos élèves à un groupement

pour la Société des Nations, monsieur le recteur, bouleverse un peu ce que je croyais savoir des tendances de la jeunesse universitaire.

— Que pensiez-vous donc?

— Que vos étudiants étaient en immense majorité des extrémistes, soit de droite, soit de gauche.

N'ont-ils plus la tête aussi près du bonnet qu'autrefois?

— Ils sont en effet beaucoup plus sages qu'à une époque que vous avez connue comme moi, et c'est une erreur de croire qu'ils soient tous ou monarchistes, ou communistes ou libertaires.

A la vérité, la plus grande partie de ces jeunes gens n'ont qu'un souci en venant dans nos universités : travailler, travailler à la recherche de la vérité.

Leurs recherches font qu'ils se penchent parfois sur le chapitre de la politique.

Vous dire qu'ils sont satisfaits des méthodes suivies dans ce domaine serait une inexactitude. La jeunesse des écoles, comme les anciens combattants, est lasse des « chemins battus » dont parlait M. Raymond Poincaré dans un de ses derniers discours à la présidence du Conseil.

Les uns et les autres demandent confusément du nouveau? Quoi? Ils ne le savent au juste pas plus que vous et moi, mais rencontrant une Société des Nations dont l'idéal les séduit, ils s'y attachent et suivent ses pas avec confiance.

— Je n'ai garde, monsieur le recteur, d'oublier que vous êtes le président de l'Association française pour la Société des Nations. Me permettrez-vous d'être franc : pourquoi votre Association est-elle à peu près inconnue en France?

— ?

— En Angleterre, la *British League of Nations*, que préside le vicomte Cecil, groupe plus de 380 000 membres et possède une caisse de propagande largement remplie.

Vous, si je suis bien informé, vous n'avez ni le nombre, ni l'argent. Pourquoi?

— Cette infériorité, que je ne cherche pas à nier, me répond M. Paul Appell, tient en premier lieu à l'ignorance à peu près complète dans laquelle le public français est tenu à l'endroit de la Société des Nations.

Mais elle tient aussi, et surtout, au fait que la notion, l'esprit d'association est bien plus développé en Grande-Bretagne qu'en France. Il n'y a pas si longtemps que la liberté d'association existe dans notre pays de France, et moi qui vous parle, j'ai connu le temps où, pour obéir à la loi, nous formions des associations de 19 personnes, le chiffre 20 nous étant interdit. Quoi d'étonnant si le peuple anglais nous a depuis longtemps devancés en cette matière?

— La multiplicité de vos associations ne nuit-elle pas aussi à leur efficacité?

— Sans doute, et leurs membres paraissent l'avoir compris. Aussi les associations se sont-elles fédérées.

— C'est un progrès.

— Peut-être.

— Mais cela fait bien des subdivisions et des états-majors?

— Sans doute. Ah! voyez-vous, me confie l'honorable recteur, l'individualisme sera toujours une des faiblesses des peuples latins.

— Mais ils ont une telle puissance d'espérer.

— Et c'est ce qui les sauve, mon cher monsieur.

Aussi ai-je plus que jamais confiance dans l'avenir. Je vous dirai plus, je suis convaincu que de plus en plus les peuples, et le nôtre en particulier, comprendront qu'ils n'ont pas d'autre alternative devant eux que celle-ci : ou la Société des Nations ou le suicide.

b) *Les élèves : M. Robert Lange.*

Après avoir entendu la voix des maîtres, prêtons l'oreille à celle des élèves. Ceux-ci ont l'âge des rêves et des illusions. Plusieurs de ces jeunes hommes sont des hommes d'action. L'un d'eux, fils d'un ministre de la République, m'écrivait ces temps derniers, d'une capitale étrangère : « Tout ce qui est international est nôtre. »

M. Robert Lange, secrétaire général de la Fédération universitaire internationale pour la Société des Nations, un jeune parmi les jeunes, et parmi les meilleurs des jeunes, s'efforce ici à concilier son attachement à « l'idée internationale » avec l'amour de son pays.

« Nous avons créé un groupement universitaire français pour la Société des Nations, m'expose M. Lange, parce que la propagande en faveur de la Société des Nations comporte un aspect strictement universitaire, parce que la nouvelle génération, si elle est quelquefois d'accord avec ses aînés, ne l'est que pour le but à poursuivre et ne l'est pas en général pour les méthodes à employer.

La jeunesse universitaire n'adhère à une organisation que lorsque son adhésion lui paraît avoir une portée. Elle s'intéresse à ce mouvement qu'elle espère servir et orienter.

On la dit entièrement favorable aux doctrines monarchistes ou communistes. Il serait plus exact de dire que le mauvais état des affaires politiques a vivement troublé une génération qui n'est pas aussi systématiquement indifférente qu'on se plaît à le prétendre.

Inquiets du spectacle démoralisant fourni par les travaux parlementaires, s'insurgeant contre l'étatisme, certains ont rejoint les troupes des étudiants d'Action française.

Inquiétés par la vénalité de la presse, par le fait que la finance forme l'opinion publique, effrayés par les conséquences du régime capitaliste, d'autres éléments ont rejoint le parti communiste.

Royalistes et communistes : deux associations bien organisées, qui ont peu, très peu d'adhérents. Ils sont peu influents, donc peu redoutables.

— Mais la Société des Nations, quels sont ses amis chez les étudiants?

— Ne parlons pas de ceux qui ne pensent pas, vont aux courses, à leurs affaires, au Palais, et suivront les autres. Ne parlons pas de quelques utopistes ou de quelques réactionnaires ; parlons, si vous le voulez, du mouvement en faveur de la S. D. N., mouvement qui veut favoriser le développement de l'esprit de coopération internationale, mouvement qui veut imprégner la S. D. N. de l'idéal français.

Notons ce fait *qu'en France, tous les étudiants qui marquent*, qui seront appelés à assumer plus tard de graves responsabilités, qui occuperont sans doute, d'ici quelques années, les charges publiques les plus importantes, qui sont présidents de la Confédération internationale des étudiants, de l'Union nationale des étudiants, de l'Association générale des étudiants de Paris, de la Fédération des étudiants catholiques, qui l'ont été en 1922, en 1923, qui s'appellent Gérard, Amabert, Déteix, Claude, Antébi, Pleven, Pasteau, sont sincèrement et activement dévoués à la S. D. N.

— A votre avis, pourquoi la nouvelle génération est-elle favorable à la S. D. N.?

— Parce qu'on se rend généralement compte que toutes les questions sont internationales, que la guerre ne repose que sur un horrible malentendu, que l'esprit de coopération internationale est un idéal auquel nous devons aspirer et que la S. D. N. peut grandement en faciliter la réalisation.

Le grand intérêt de notre mouvement, c'est qu'il s'exerce en tous les points du monde. Nous avons organisé cet été, à Genève, un premier congrès très important de la jeunesse universitaire. Des étudiants venus de toutes les parties du globe se sont retrouvés et se sont mis en relations avec les hommes d'État les plus éminents du monde. L'universalité de ce mouvement est nécessaire au succès de chaque initiative ; il peut seul donner confiance en l'esprit international.

— Votre groupement universitaire, quel est-il? Que fait-il?

— C'est d'abord le premier groupement constitué ; c'est d'autre part, peut-être, un de ceux dont l'action a été la plus féconde.

Vous vous rappelez les formes variées de notre activité.

Nous avons provoqué à Paris la venue de très éminents conférenciers : lord Robert Cecil, Paul Hymans, Albert Thomas, Paul Painlevé, Louis Barthou, Henry de Jouvenel, Paul Appell, Édouard Herriot, Léon Blum. Les plus éminents hommes politiques de tous les partis, les plus grands savants se sont intéressés à notre action.

La *Revue de Paris* a publié une série d'études sur la S. D. N. que nous avons su réunir. La presse tout entière a consacré des volumes à nos efforts.

Notre action universitaire s'est organisée. Un hommage nous a été rendu dans tous les lycées, écoles, collèges de France. Des foyers d'action se sont maintenant formés dans soixante villes françaises.

Grâce à notre action nationale, grâce à notre action internationale, nous pensons que les erreurs et les préjugés nationalistes iront en se dissipant, que les relations entre les gouvernements de ces prochains temps seront beaucoup facilitées.

Certains esprits sectaires nous ont reproché nos trop fréquentes relations avec les ministres. Nous n'avons nulle honte d'être des réalistes. Et les gouvernements que nous pourrons aider à réaliser une politique de coopération internationale auront l'appui non pas d'une fraction d'entre nous, mais de tous les membres du groupement universitaire, qui, catholiques ou libres penseurs, révolutionnaires ou modérés, sentent la nécessité urgente d'une meilleure entente internationale.

Remarquez que ce que nous promettons au gouvernement français, les puissantes organisations qui existent aux États-Unis, en Tchécoslovaquie, en Angleterre, ou en Allemagne, le promettent aussi à leurs gouvernements respectifs et je ne doute pas que cette action aura les résultats les plus satisfaisants.

— Que pensez-vous, monsieur Robert Lange, de l'indifférence et souvent de l'hostilité de vos aînés à l'égard de la Société des Nations?

— Cette hostilité repose principalement sur l'idée que la Société des Nations menace de devenir un redoutable super-État, qu'elle est un dangereux foyer d'internationalisme.

L'accusation, à nos yeux, a peu de valeur. Elle est le fait d'ignorants qu'il faut renseigner.

Contre l'hostilité ignorante, il est facile de lutter. Et, dans la génération actuelle, on trouvera des adversaires à convaincre, on ne trouvera plus personne qui soit assez malheureux ou même, selon la formule énergique de Léon Bourgeois, assez lâche pour être sceptique.

Nos aînés qui ont fait la guerre sont presque tous unis pour en éviter le retour. Ils sont déjà nombreux à diriger leurs regards vers la Société des Nations.

— Parmi vos ancêtres, monsieur Lange, je veux dire parmi ceux qui étaient trop âgés pour faire la guerre, n'observez-vous pas de nombreux sceptiques?

— Oui, en effet, beaucoup, et aussi d'innombrables indifférents, enfin quelques perfides.

Ceux qui n'ont jamais cru à rien haussent les épaules quand on leur parle de la S. D. N. Il y a ceux qui, dans quelques journaux officieux, la raillent et prennent plaisir aux obstacles que cette frêle et tenace institution rencontre sur son chemin. Ces railleurs exaspèrent l'idéalisme des jeunes gens qui ne verraient pas la S. D. N. s'éloigner des possibilités du présent sans une grande amertume et une profonde tristesse.

Il y a aussi les pacifistes bêlants. Ceux qui regardent la S. D. N. comme une utopie ne sont pas, croyez-le, aussi redoutables que ceux dont les exigences chevauchent la chimère.

Mais nous avons parmi nos aînés des amis, des amis qui, selon la belle expression d'Hymans, « combinent l'idéal et les possibilités ». Ces amis sauront aboutir à des solutions possibles que la paresse a seule fait écarter, ces amis triompheront par le monde. En France aussi, ils triomphent. Ils n'opposeront pas indignement le problème de la sécurité, ou celui des réparations, à celui de la paix internationale, avec lequel il est d'autant plus facile de le combiner qu'il en forme une partie essentielle.

VI

**Ce qu'en pense la classe ouvrière.**

L'opinion de M. Léon Jouhaux,<br>
secrétaire général de la C. G. T.

D'aucuns ont manifesté parfois de la surprise en constatant l'intérêt avec lequel M. Léon Jouhaux, secrétaire général de la C. G. T., prend part aux travaux de la Société des Nations et du Bureau International du Travail. Chez les communistes, cette surprise a toujours pris la forme d'un violent mécontentement à l'égard du *leader* syndicaliste.

La surprise des uns et les attaques des autres issent,

comme on va le voir, M. Jouhaux parfaitement indifférent et c'est avec une confiance tranquille dans le bon sens de la classe ouvrière qu'il a bien voulu nous exposer au cours d'une conversation ses « raisons de croire » en la Société des Nations et en le Bureau International du Travail.

— Bien sûr, nous dit M. Jouhaux, il peut sembler paradoxal que des militants ouvriers et, qui mieux est, des syndicalistes français, participent et collaborent à la Société des Nations et au Bureau International.

Ceux qui s'en étonnent ou s'en irritent oublient, d'une part, que le mouvement ouvrier français a toujours été longuement imprégné d'idées sociales. La classe ouvrière n'a pas combattu uniquement en vue d'acquérir certaines améliorations légitimes ou immédiates. Elle a conçu naguère l'espoir de travailler à la transformation du milieu international.

D'autre part, comment pourrions-nous oublier que l'idée d'une Société des Nations est une vieille idée socialiste française? Je ne comprendrais pas, quant à moi, que des Français, partisans à la fois du progrès social et du socialisme, puissent rester en dehors de la Société des Nations et du Bureau International du Travail.

Sans doute, la Société des Nations, telle qu'elle existe présentement, ne correspond pas entièrement à notre idéal. Nous eussions souhaité une organisation plus universelle et plus démocratique (1), et j'entends, par là, une organisation dont les délégués seraient les représentants élus de la nation, et non plus les émanations directes des gouvernements.

(1) M. Léon Jouhaux se rencontre ici avec... S. M. le roi d'Espagne qui, dans une interview accordée le 15 octobre 1924 à une journaliste américaine, miss Constance Drexel, de la « North American Newspaper Alliance », a déclaré : « La Société des Nations n'est pas suffisamment démocratisée, et c'est certainement cette circonstance qui provoque le plus de critiques dans votre pays. » Admirable Société des Nations qui rassemble les syndicalistes et les rois dans l'amour de la démocratie internationale !

Je ne désespère pas de voir s'opérer au sein de la S. D. N. les transformations nécessaires, qui lui donneront la confiance unanime des masses populaires.

En attendant, plutôt que de jeter le manche après la cognée, je pense qu'il nous faut travailler du mieux que nous pouvons avec la S. D. N., telle qu'elle est.

Le Bureau International du Travail, la Société des Nations, ce ne sont pas seulement pour nous des institutions dans lesquelles il nous est permis d'espérer défendre, en les universalisant, les revendications acquises ; ils représentent pour nous la recherche d'un idéal, une étape dans la transformation des formes organiques des sociétés ; ils sont pour nous la condition indispensable de toute évolution humaine.

Nous le pensions pendant la guerre, car ce n'est pas seulement au lendemain de la guerre que nous avons formulé ces idées. Au cours même du conflit mondial, nous avons indiqué qu'il ne saurait y avoir de paix véritable dans le monde, de paix stable, de paix définitive, qu'autant qu'il y aurait une organisation internationale de cette paix, et qu'évidemment cette organisation internationale de la paix ne pouvait être simplement la déclaration des hommes, si autorisée soit leur parole, mais la réalisation dans la vie active des sociétés, des formes organiques qui permettent à la paix de devenir une réalité tangible.

Les travailleurs intelligents et de bonne foi savent déjà qu'on fait à Genève de bonne besogne ; ils ont d'eux-mêmes mis au point, l'an passé, le fâcheux incident de Corfou, dont on a voulu faire un brûlot contre la Société des Nations. Nous disons, à l'encontre de ses détracteurs, que si M. Mussolini n'avait pas redouté l'opinion internationale, dont l'assemblée de Genève, alors en session, était l'interprète, peut-être un nouveau conflit eût embrasé l'Europe.

La classe ouvrière sait aussi que la S. D. N. travaille à l'organisation de la paix.

La guerre ne peut devenir impossible que lorsque la paix aura été organisée, lorsqu'il ne sera pas plus licite à un État qu'il ne l'est à un individu de se faire justice lui-même. S'il y a des tribunaux qui punissent le crime d'un homme contre un autre homme, il devrait y en avoir qui punissent les crimes commis par une nation contre une autre nation.

C'est seulement quand cette notion sera entrée dans l'esprit des peuples, quand elle sera inscrite dans le Code international, que la guerre aura pris fin.

Je ne suis pas pessimiste ; je suis bien plutôt optimiste, mais je ne me fais pas d'illusion : nous pourrons rassembler les peuples de la terre et leur faire voter des ordres du jour contre la guerre, s'il n'y a pas une force organisée capable d'empêcher la guerre, malgré des protestations unanimes, la guerre éclaterait lorsque les intérêts de certains, intérêts matériels, intérêts politiques, voudraient qu'elle éclatât.

Bonne besogne aussi que celle qui se poursuit depuis trois ans en faveur de la réduction des armements, besogne ardue, de longue haleine. Mais ce qui nous rend confiants, voyez-vous, dans le succès final, c'est qu'en cette matière difficile on ne nous paie pas de mots et qu'on n'avance dans la voie du désarmement qu'à coup sûr, sans phrases et sans fallacieuses promesses.

Dire que la Société des Nations a trouvé la formule définitive serait exagéré ; mais elle a trouvé tout de même une formule qui est une première étape dans cette voie : celle du « Protocole de sécurité et de désarmement ». Elle a voulu associer l'ensemble des nations adhérentes à la Société des Nations, et même celles qui ne sont pas encore adhérentes, parfaisant ainsi le caractère universel de l'organisation ; elle a voulu créer entre toutes un lien de solidarité visant à garantir leur indépendance contre toute agression ; elle a considéré que l'agression est un crime social et que, contre ce crime, les nations doivent se prémunir.

Nos militaristes étaient pris à leur propre piège, ils ne pouvaient qu'accepter la proposition que nous leur faisions : le traité général de garantie, qui contient en lui la possibilité d'accords particuliers, conclus sur le terrain exclusif de la défense contre la guerre, accords qui doivent être examinés par le Conseil de la Société des Nations et ratifiés si les principes qu'ils contiennent sont conformes au traité général de garantie.

Par conséquent disparaissent les caractères nocifs, les conséquences fâcheuses qui étaient facilement contenus dans tout accord particulier. Mais c'est un premier résultat qui, nous osons le dire, n'aurait pas été atteint si les forces démocratiques et sociales n'avaient participé à l'action de la Société des Nations.

*<sub>*</sub>*

Vous me demandez mon opinion sur le Bureau International du Travail?

Elle est bien simple. A mon sens, le B. I. T. est sur le plan économique ce que la S. D. N. est sur le plan politique. Le B. I. T., à nos yeux, représente l'organisation de la démocratie internationale. Démocratie dans laquelle les droits sont égaux, comme les responsabilités.

Lui non plus ne nous satisfait pas entièrement. Albert Thomas sait fort bien comment nous aurions désiré que fût bâtie sa maison. Mais couche-t-on dehors, en ce temps de crise du logement, parce que la maison qu'on habite n'est point la maison qu'on avait rêvée?

Du côté du Bureau International, les résistances, les oppositions, les coalitions sont encore plus nombreuses et plus fortes qu'elles ne le sont du côté de la Société des Nations. L'effort réactionnaire, dans ce qu'il a de plus rétrograde dans tous les pays, s'exerce d'abord pour diminuer l'autorité morale du Bureau International du

Travail, pour amener les masses ouvrières à se désintéresser de l'activité de cette collaboration, afin d'en avoir plus facilement raison.

Mais cette constatation est justement un motif pour les organisations ouvrières de redoubler d'activité, de vigilance et de combativité en faveur du Bureau International du Travail. Plus grandes sont les coalitions, plus forte doit être la solidarité ouvrière internationale avec le Bureau.

Toutes les conventions internationales n'ont pas été ratifiées par les différents parlements? C'est exact. L'influence du Bureau International du Travail en est diminuée. Apparemment, c'est peut-être vrai, mais il n'en reste pas moins vrai que si ces conventions n'avaient pas existé, si le Bureau International du Travail n'avait pas fonctionné, il y a longtemps que les réformes acquises, que les améliorations obtenues dans les différents pays auraient été fortement diminuées par l'action des partis réactionnaires et des forces rétrogrades dans chaque pays. Les conventions internationales ont constitué en quelque sorte l'armature qui a protégé les réformes nationales.

Je connais particulièrement un pays — c'est la France — où il y a sur le bureau du Parlement quinze à vingt projets portant modification sur la journée de huit heures... C'est l'opinion unanime de tous ceux qui représentent les forces de conservation de notre pays qu'il faut transformer la journée de huit heures.

Et cependant, nul n'a osé monter à la tribune du Parlement parce que chacun se dit : « Si nous modifions notre régime des huit heures et si la convention internationale de Washington n'est pas modifiée en même temps, et si les forces ouvrières redeviennent demain un facteur de progrès social, nous serons obligés alors de revenir sur le vote que nous aurons émis, de modifier à nouveau notre régime des huit heures pour l'adapter à la convention de Washington, parce que les forces ouvrières nous obligeront à ratifier cette convention. »

Et c'est pourquoi, bien que cette convention n'ait pas reçu application dans les différents Parlements, elle n'en protège pas moins le régime des huit heures appliqué presque universellement à l'heure actuelle.

C'est une constatation que nous devons faire, constatation qui n'est pas seulement profitable aux organisations ouvrières, mais qui est profitable à l'ensemble des nations : la journée de huit heures, ce n'est pas seulement un bien pour ceux qui travaillent manuellement, c'est un bien pour la collectivité tout entière.

Dernièrement, le ministre du Travail français faisait faire une enquête sur l'état de l'alcoolisme en France ; il en constatait la diminution énorme à la campagne et à la ville, du fait de la réduction de la journée de travail.

Quand une réforme a un tel résultat, quand elle aboutit à une telle transformation de l'esprit public, on peut dire qu'elle a conquis droit de cité. Eh bien ! cela, c'est le fait même de l'action internationale des organisations, de l'action du Bureau International du Travail soutenue, fortifiée, épaulée par les organisations ouvrières !

J'ai donc confiance dans le B. I. T. comme dans la S. D. N. L'un et l'autre auront raison de tous les obstacles, si la classe ouvrière, dans sa partie consciente, organisée, leur conserve son appui.


## VII


**Ce qu'en pensent les mutilés.**

*M. René Cassin.*

Parmi les Français les plus qualifiés pour porter un jugement sur la Société des Nations figurent, à n'en point douter, les mutilés et les invalides de la guerre, et cela pour deux raisons.

La première est que l'organisation d'une Société des Nations fut réclamée par les mutilés eux-mêmes dans un moment où leurs blessures étaient encore saignantes, et la seconde que ceux qui ont versé leur sang pour défendre leurs frontières ont peut-être le droit d'exiger que leurs sacrifices ne soient pas perdus pour les générations à venir.

Il existe plusieurs Unions et Associations françaises de combattants.

J'ai demandé à M. René Cassin, professeur à la Faculté de droit de Lille, président honoraire de l'Union fédérale des Associations françaises, délégué de la France à la cinquième Assemblée de Genève, d'exposer dans cette enquête l'état des relations existant entre ses camarades et les grandes organisations internationales de Genève.

J'ai d'abord prié M. René Cassin de m'expliquer comment les anciens combattants et spécialement les mutilés de la guerre furent amenés à s'intéresser à la Société des Nations.

Il m'a répondu :

« Dès janvier 1919, l'Union fédérale des Associations françaises de mutilés, anciens combattants, etc., soucieuse de ne pas laisser éluder les promesses faites aux combattants durant la guerre, envoyait un message au président Wilson, alors en France, pour l'encourager à préparer indivisibles, le pacte de la Société des Nations et le traité de paix.

« Absorbée durant un an, par les problèmes intérieurs urgents, liquidation de pensions, etc., l'Union a commencé une action active à partir de 1920, action qui eut un double objet, collaboration avec le B. I. T. ; appui à la Société des Nations.

« 1º *Collaboration avec le B. I. T.*, appui donné à lui et demandé à celui-ci pour les questions intéressant la protection matérielle des mutilés de nation à nation.

« Le 12 septembre 1921, se tient une première réunion

des représentants des Fédérations les plus puissantes de six nations.

« Ils invitent le B. I. T. à s'intéresser au problème de la législation des mutilés de guerre, de la prothèse, des soins et du travail. Mandaté par les mutilés français, j'obtiens des Allemands la déclaration très importante que voici :

« Au nom des 750 000 membres du Reichtbund, qui est la principale organisation allemande des victimes de la guerre, M. Schumann, leur représentant, déclarait que les mutilés allemands « sont résolument attachés aux « principes de la nouvelle constitution républicaine de « l'Allemagne : ils sont prêts à s'opposer par tous les « moyens à toute guerre nouvelle, ils reconnaissent le « devoir des réparations qui incombe à leur pays et ils « affirmeront de tout leur pouvoir, dans l'intérêt de la « paix des peuples, toutes les mesures prises ou à prendre « par le gouvernement allemand pour remplir ce devoir, « particulièrement en ce qui concerne la reconstruction « des régions dévastées. »

« En novembre 1921, les délégués gouvernementaux français, sur l'initiative de l'Union fédérale demandent à la conférence d'inviter le Bureau International du Travail à s'occuper des questions intéressant les mutilés de guerre.

« En mars 1922, une première conférence d'experts se réunit. Je suis expert français aux côtés du docteur Ripert, médecin-chef du centre d'appareillage de Saint-Maurice.

« En juillet 1923, s'ouvre une deuxième conférence d'experts concernant l'emploi des mutilés dans les entreprises privées. Je suis de nouveau expert français à côté de mes co-présidents : H. Pichot, Roge et M. Gauthier, directeur de l'Office de main-d'œuvre de la région parisienne.

« 2° *Appui donné à la Société des Nations.* Après une soigneuse enquête et sur le rapport de notre camarade

Viala, le Congrès de Clermont-Ferrand, juin 1922, désireux de ne pas laisser les combattants agir tout seuls et s'ériger en caste, prononce à l'unanimité l'adhésion de l'Union fédérale à l'Association française pour la Société des Nations, fondée par M. Léon Bourgeois, présidée par M. Appell. Elle engage une croisade parallèle à l'étranger : Belgrade (Congrès interallié des mutilés), Nouvelle-Orléans (Fédération interalliée des anciens combattants), Vienne (Autriche), 1923, Congrès de l'Union internationale des Associations pour la Société des Nations, Bruxelles, etc...

« Une à une, en pleine liberté, la plupart des Fédérations et Associations adhérentes à l'Union fédérale entrent à leur tour, individuellement, dans l'Association française, et la dernière assemblée générale de décembre 1923 de cette Association comprend en majorité des anciens combattants.

« Le Congrès de Marseille (avril 1923), approuvant l'action accomplie, demande que dans la *délégation française à l'assemblée de la Société des Nations, figure désormais un représentant qualifié des victimes françaises de la guerre.*

« Formant ainsi un Comité d'action avec les Universitaires et l'Association française, l'Union fédérale publie des tracts de propagande, elle fonde des groupes et ses militants font, dans les congrès, des conférences qui la placent en France à la tête du mouvement.

« Certains hommes élus récemment dans différentes parties de la France, nous ont déclaré avoir été étonnés de l'intérêt témoigné par les populations rurales au Bureau International du Travail et à la Société des Nations. Nous sommes certains que l'Union fédérale a exercé à cet égard une influence déterminante.

— « N'y a-t-il pas de divergence entre vos groupements à ce sujet?

— « Oui, l'Union fédérale (320 000 cotisants effectifs,

70 fédérations, 800 associations) est le seul groupement en France, qui ait, dès le début, donné son plein concours à la Société des Nations et au B. I. T.

« D'autres groupements ont été plus réservés, soit par désir de neutralité syndicale : l'Union nationale des mutilés et réformés (50 000 hommes), l'Association générale des mutilés de guerre (60 000), la Fédération nationale (100 000), soit pour des raisons de tendance politique : l'Union nationale des combattants (250 000 cotisants).

« Ces derniers groupements, mesurant cependant les véritables sentiments de leurs troupes, se sont décidés à signer en commun, avec nous, à la veille des élections, le passage du manifeste, et du cahier unique des revendications relatives aux relations internationales. Nous apprécions vivement ce geste de solidarité.

« Mais jusqu'ici, ils n'ont pas encore pris individuellement position, ni adhéré à l'Association française.

« Il y a d'autres groupements nettement hostiles :

« L'Association républicaine des anciens combattants, à tendance communiste, la Ligue des chefs de section et les camarades de combat (dont certains chefs ont des tendances fascistes).

« Ces divergences ont existé dans d'autres pays que le nôtre ; elles sont particulièrement profondes en Allemagne et en Italie.

— Qu'espérez-vous de la Société des Nations et du Bureau International du Travail, en dehors de l'exécution du programme de paix, coordination des législations, prothèse, etc... Avez-vous, dans ces domaines, obtenu déjà quelques résultats, lesquels?

— Les mutilés ont jusqu'ici demandé quatre choses au Bureau International du Travail ;

« 1º Devenir un centre d'information concernant les législations étrangères, etc... Cette tâche a été très bien remplie.

« 2° Créer un centre international de prothèse (laboratoire, publication scientifique, expositions ambulantes, etc.). Cette partie du programme a été amorcée à la conférence d'experts du 2 mars 1922 et dans l'accord du 1er août 1922, signé avec le comité permanent interallié. L'Institut interallié de Bruxelles publie, en ce moment, pour le compte du Bureau International du Travail un vaste ouvrage international de prothèse. Malheureusement le B. I. T. n'a affecté que très peu de fonds à cet usage. L'Union fédérale a envoyé une souscription importante et obtenu celle du ministre des Pensions français. D'autre part, la réorganisation de l'Institut de Bruxelles n'est pas encore achevée.

« 3° Faciliter l'assistance médicale et l'appareillage des mutilés de guerre résidant hors de leur pays.

« Les experts (mutilés, etc.) ont, le 2 mars 1922, arrêté les principes communs des conventions à signer d'État à État. Le gouvernement français a préparé un projet de convention avec tous les États alliés entièrement conforme aux suggestions des experts. On peut espérer que d'ici peu ces conventions auront vu le jour.

« Un mouvement parallèle se développe en Europe centrale, dont la Tchécoslovaquie est le noyau.

« 4° S'intéresser au travail des mutilés de guerre. La loi française sur l'emploi obligatoire, votée récemment, est, pour une bonne part, inspirée des législations analogues votées dans les autres États de l'Europe, adaptées aux besoins particuliers de la France.

« La conférence d'experts du 31 juillet 1923 a longuement étudié ces problèmes à Genève, et ses conclusions ont été entièrement approuvées par M. Sarraut, rapporteur de la loi au Sénat français.

« Tels sont les résultats matériels déjà acquis ou sur le point de l'être.

« Les mutilés français n'ont rien demandé pour eux-mêmes à la Société des Nations.

— Les anciens combattants et les mutilés de guerre, ont-ils un programme de défense de la Société des Nations?

— Jusqu'en 1923, les grandes fédérations de mutilés d'Angleterre, Allemagne, Autriche, Italie, France, Pologne ont été seules à donner leur appui au Bureau du Travail, mais les Tchèques et les Belges et aussi les Dominions britanniques, se sont fait représenter à la conférence de 1923. Les Roumains et les Yougo-Slaves suivront, sans doute. Le B. I. T. est assuré d'un appui *inébranlable* dans nos milieux, et nous comptons faire bénéficier les mutilés du travail, des protections qu'auront acquises les mutilés de guerre, dans toutes les mesures possibles.

« En ce qui concerne la Société des Nations, la Fédération interalliée des anciens combattants a pris une attitude de principe favorable à celle-ci, mais elle n'a pas déployé, dans ce sens, une activité utile, si ce n'est vis-à-vis de l'American Legion : dans la voie de la défense de la Société des Nations, les combattants de l'Union fédérale arrivent de beaucoup en tête, suivis à quelque distance par la British Legion et les combattants tchèques. Les déclarations que j'ai faites le 12 septembre 1921 comme préliminaires aux travaux du B. I. T. et la réponse du représentant allemand, sont, à cet égard, significatifs.

« Un projet de conférence avait été envisagé pour l'année 1923, mais la tension résultant des événements politiques nous a fait, jusqu'ici, renoncer à une conférence des Associations d'anciens combattants qui n'aurait pas de sérieuses chances de succès. Ce sera l'œuvre de l'avenir.

« En attendant, l'Union fédérale persiste dans son action intérieure.

« Elle continuera par la presse, par les conférences, par la participation à tous les congrès intéressant la Société des Nations, à créer une opinion politique avertie de tous les services que peut rendre la Société des Nations. Elle continuera certainement jusqu'à satisfaction à réclamer que, dans les délégués français aux assemblées, figure un représentant qualifié des victimes de la guerre. »

## VIII

**Ce qu'en pense l'armée.**

### *Le maréchal Foch.*

L'armée avait son mot à dire dans une enquête sur la Société des Nations. N'est-ce point à elle en effet qu'incombe la noble et lourde tâche d'assurer la défense nationale et cette tâche n'est-elle pas fonction du succès ou de l'insuccès de la Société des Nations, dont la raison d'être est précisément de maintenir la paix?

Mais l'armée est la « grande muette ». Elle « travaille en silence », comme disait M. Millerand en terminant un de ses discours d'après-guerre à la Chambre. Même lorsqu'elle parle par la voix de ses chefs, la « grande muette » ne parle pas comme tout le monde. Elle a sa manière, sa tradition, son protocole à elle..., parce qu'elle a des responsabilités particulières.

D'un chef militaire, chargé de ces responsabilités et qui consent à s'en expliquer, on n'écrit point : « Un tel m'a dit, » mais « un tel pense », d'abord parce qu'un soldat, quelque grand qu'il soit, ne doit jamais vous avoir dit quoi que ce soit. Et puis..., et puis parce qu'un soldat, fût-il maréchal, pense toujours avant de parler.

Ce genre de conversation présente pour l'interviewer un avantage... ou un inconvénient, suivant les goûts. Il oblige à ne poser aux chefs que des questions précises et préparées, et pour tout dire, à faire comme son interlocuteur, à penser.

*<br>* *

Ainsi ai-je fait pour recueillir l'opinion du maréchal Foch sur la Société des Nations. Je livre ici, dans son uniforme militaire, le fruit d'une de ces conversations mystérieuses, dans lesquelles le rôle de celui qui écoute est d'interpréter les silences...

*Première question* : A quelles conditions le maréchal estime-t-il que la France puisse mettre sa confiance dans la Société des Nations?

*Réponse* : Le maréchal a toujours estimé qu'il manque deux choses à la Société des Nations :

*a*) Il faut que dans les conseils de Genève les nations européennes les plus intéressées au maintien de la paix et aux affaires de l'Europe disposent d'une voix prépondérante.

*b*) Que la Société des Nations ait à sa disposition des moyens matériels pour faire respecter ses décisions, soit qu'il s'agisse d'une force internationale, soit plutôt que, dans des conditions à prévoir et suivant des modalités à déterminer, les forces nationales d'un ou plusieurs pays soient mises à la disposition de la S. D. N. et actionnées par elle.

*Deuxième question* : Le maréchal croit-il que la Société des Nations puisse un jour alléger les charges militaires du pays par un système de garanties internationales?

*Réponse* : Oui. Mais il faudrait pour cela que les conditions posées plus haut fussent remplies au préalable. La réduction des armements ne peùt être qu'un corollaire des garanties de sécurité et celles-ci seront vaines tant que les puissances les plus directement intéressées au maintien de la paix n'auront pas la prédominance dans les décisions de Genève.

La réduction des armements pour la France est conditionnée en outre par le désarmement de l'Allemagne. Or, on ne saurait songer à confier le contrôle du désarmement de l'Allemagne à la Société des Nations :

1º avant que l'inventaire des armements allemands et l'exécution totale des clauses du traité demandées par les Alliés constituent des actes accomplis et contrôlés ;

2º que soient fixées les modalités suivant lesquelles s'exercera le droit d'investigation de la Société des Nations, droit que l'article 213 du Traité de Versailles a prévu, mais qu'il n'a pas précisé. Son application pose des problèmes dont la solution est nécessaire sous peine de rendre illusoire la surveillance internationale. Tant que cette solution ne sera pas intervenue, il sera vain de considérer l'article 213 comme une garantie effective de la paix.

*Troisième question :* On entend souvent parler de remplacer la devise : *Si vis pacem, para bellum,* par cette autre : *Si vis pacem, cole justiciam.* Qu'en pense le maréchal?

*Réponse :* Le maréchal en pense ce qu'en pensent tous les soldats de cœur : que rien n'est plus désirable que d'instituer le règne de la justice ; que c'est un métier abominable que celui de faire la guerre ; que c'est une chose affreuse que de verser le sang et de détruire des richesses et qu'il faut tout tenter pour empêcher le retour de semblables calamités ; que la Société des Nations est une idée généreuse, séduisante, peut-être pleine de possibilités, mais qu'il faut laisser au temps et aux hommes le soin de la consolider avant de se reposer uniquement sur elle du soin de garantir le maintien de la paix.

# CONCLUSION

Comme j'allais terminer la dernière étape de mon voyage au pays de ce que je crois être maintenant l'avenir, au moment précis où je laissais derrière moi le dernier tournant de la route qui cache au voyageur le clocher de mon village, je vis s'étendre au fond de la vallée un vaste amoncellement de matériaux et d'échafaudages de toutes sortes d'où émergeaient les premières assises d'un étrange et colossal monument.

Une multitude de gens allaient et venaient, apportant de tous les points de l'horizon, qui à la main, qui sur des chariots, sa contribution à une œuvre sans doute commune et que l'on devinait considérable. On aurait dit un nid de fourmis s'empressant, s'écrasant et d'autant plus innombrables et empressées qu'elles touchaient au centre de leur activité.

Une rumeur confuse montait du fond de la ruche ; puis un grand silence se fit. Les gens déposèrent leur fardeau, ouvrirent leurs rangs et formèrent le demi-cercle. Alors, sur les degrés de ce qui paraissait être le portique d'un temple, deux hommes surgirent parmi tant d'autres hommes.

L'un était grand, sec et souple. Ses cheveux abondants et légèrement bouclés avaient la couleur du gros sel marin, avec, par places, des mèches décolorées par l'embrun. Son profil était régulier et doux, encore que le menton fût quelque peu autoritaire. Son regard à la fois rêveur et aigu éclairait, animait le visage. Son compagnon était complètement dissemblable : gros, même légèrement obèse, trapu, avec des épaules d'athlète, une vaste carrure, une tête carrée, coupée en son milieu comme d'un coup de crayon noir par une moustache fine et brune, les cheveux sans apprêt, courts et touffus comme ceux des Cicéron ou des Sylla dont ils rappelaient par certains côtés les antiques images.

— « Vous mourrez tous, s'écria le premier, et vous, petites nations qui m'écoutez, vous mourrez toutes aussi et vous serez toutes exterminées si vous confiez uniquement votre destin aux pierres que vous échafaudez. Votre tour s'écroulera comme un chiffon de papier sous la force du vent. Les œuvres des hommes ne sont rien sans l'amour qui les cimente et vos traités eux-mêmes sont un leurre sans le droit sur lequel vous les aurez édifiés. Aimez-vous les uns les autres, sans distinction de frontières ; ne réservez ni votre amitié ni votre concours à quelques-uns, mais soyez tous frères, tous parfaits comme votre Père Céleste est parfait. Bâtissez sur l'amour ; l'amour suffit à tout ! »

« — Mon frère et éminent ami, s'écria à son tour l'homme aux épaules et à la tête carrées, a parlé d'or. Il faut vous aimer les uns les autres. L'Évangile, ce message le plus tendre, le plus doux qui ait été envoyé aux hommes, doit régir vos rapports. Aimons-nous, aimons-nous. Mon peuple dont je suis le chef ne vit point dans la haine ; il ne vit point non plus de haine. Je suis le Bon Pasteur qui donne sa vie pour ses brebis, et moi je vous dis : Ne recommençons pas l'histoire de la tour de Babel. Celle-ci s'écroula, ensevelissant ses architectes et ses ouvriers parce qu'ils avaient oublié de la construire sur de solides fondements et qu'ils ne s'entendaient plus. Alors, le sable mouvant engloutit tout, hommes et tour.

« Soyons plus sages et donnons à ce temple trois colonnes maîtresses sur lesquelles nous pourrons ensuite asseoir la construction en toute sécurité. Frères, il faut bâtir. »

Ils dirent et, disparaissant dans la foule, les deux hommes se confondirent avec elle et ne furent plus que des ouvriers comme les autres. Et je vis, en effet, élevant leurs fûts majestueux au-dessus des milliers de bras et de têtes en mouvement, trois colonnes pointées vers le ciel, semblables à trois colosses blancs en prière.

Le soleil avait disparu derrière les collines et la multitude travaillait encore. Soudain, d'un coin du ciel, la lune fit son apparition et je la vis lentement se poser, comme un point sur un i, sur l'une des trois colonnes dont avait parlé l'homme aux épaules carrées.

. . . . . . . . . . . . . . . . . . . . . . . .

A ce moment, un gosse qui vendait les journaux passa sur mon chemin ; je le hélai. En gros caractères, les feuilles annonçaient les travaux de la cinquième Assemblée de Genève : deux discours, l'un de Mr Ramsay Macdonald, l'autre de M. Édouard Herriot. Les feuilles publiaient les portraits des deux premiers ministres. Surprise ! Ils ressemblaient comme des frères à l'homme aux cheveux couleur de sel marin et à l'homme carré que j'avais aperçus dans mon dernier sommeil, car je venais, fatigué du voyage, de marcher en rêvant.

Ainsi ce n'était pas un rêve : la tour, ses ouvriers, les trois colonnes — arbitrage, sécurité, désarmement — l'empressement des peuples, la rumeur, tout cela était une réalité. Cinq premiers ministres, dont ceux des deux plus grandes puissances de l'Europe, dix-huit ministres des affaires étrangères, autant d'anciens, sans compter les futurs, la truelle en main, travaillaient cette année à la construction du Temple de la Paix sous les yeux des nations jamais plus attentives.

Je me rappelai la parole neurasthénique de Henri Béraud : « Je ne crois plus à rien », et je me demandai : Lequel a raison, ou de lui ou de nous? Ainsi, mon enquête se terminait, comme elle avait commencé, par un point d'interrogation.

*<br>**

Rien n'est aussi difficile dans la vie que de bien mourir, si ce n'est de conclure un livre comme il faut.

Il me souvient que je me suis délivré moi-même de ce souci, au début de cet ouvrage, lorsque j'ai prévenu le lecteur que j'entreprenais un simple reportage, c'est-à-dire une œuvre de pure objectivité.

Ensemble nous avons fait un voyage ; ce voyage vaut ce qu'il vaut. Ce que je puis dire, maintenant qu'il est terminé, c'est qu'il ne fut pas sans me causer de nombreux soucis. Ce ton de bonne humeur, que j'avais résolu de lui imprimer d'un bout à l'autre, que de fois j'ai failli le perdre au tournant d'une route, dans l'épaisseur d'une forêt. J'en préviens charitablement ceux de mes contemporains qui voudraient imiter mon exemple et porter sur la place publique les « mystères de Genève », je veux dire, faire œuvre de vulgarisation ; ils auront à vaincre d'une part les terribles susceptibilités des croyants, et d'autre part, la désespérante indifférence du plus grand nombre.

Si, en effet, la Société des Nations n'a pas encore produit de martyrs, elle possède déjà ses sectaires. Malheur à celui qui ose porter sur la nouvelle religion un regard ou un jugement simplement profane ! Il est, sans autre forme de procès et, à son insu le plus souvent, considéré comme sacrilège, déclaré suspect, qualifié de nationaliste et de crétin, deux appellations qui sont souvent équivalente aux yeux de ces messieurs. Notez que le pauvre homme passe dans le même temps, dans son pays, pour un mauvais patriote. *De minimis non curat...*

L'indifférence du plus grand nombre est moins encourageante encore. Soutenir une thèse controversée, défendre une idée, un drapeau autour duquel la foule s'anime, vibre, se bat, quelle aubaine ! Mais se mouvoir dans le vide, parler un langage que personne ou à peu près personne ne comprend, partir en guerre contre des moulins à vent, que c'est décevant ! Tel fut, à peu près, le sort de cette enquête.

Ces réserves faites, — que je ne pouvais pas ne pas faire, — quelle impression emporterons-nous de ce voyage? Je pense que si nous n'avons écrit ni une apologie, ni une satire de la Société des Nations, nous avons, sans même l'avoir voulu, fait une démonstration. Nous avons démontré que l'œuvre de Genève *vit*, exactement comme on démontre le mouvement... en marchant. Qu'on ne nous dise plus : « La Société des Nations... ça n'existe pas ! » Nous avons vu au contraire que ce cadavre se porte assez bien. Libre à chacun de discuter de son utilité, de son pouvoir, de son avenir ; mais ces discussions ne prouveront-elles pas précisément sa vitalité?

La vie circule donc dans les organisations de Genève. Ni les hommes ni les questions que nous avons passés en revue n'ont été inventés pour les besoins de la cause ; et je jure volontiers sur le pacte que je n'ai point fait le geste ordinaire du charlatan qui, pour le plaisir des enfants à la foire, ranime d'une étincelle électrique les cuisses des grenouilles disséquées.

Si donc la Société des Nations, si le Bureau International du Travail possèdent le don précieux de la vie, le seul problème qui se pose n'est-il pas de savoir si ce don leur doit être enlevé, ou bien, au contraire, si l'enfant, âgé maintenant de cinq ans, sera élevé convenablement jusqu'à sa maturité.

Je n'ai, quant à moi, rencontré personne qui fût prêt à prendre la responsabilité de supprimer purement et simplement la Société des Nations et le Bureau International du Travail. Si quelqu'un, fût-il dictateur en son pays, y a songé quelque part, il n'a jamais osé le dire ouvertement. Pourquoi? Sinon parce que quelque ignorante qu'elle soit du Pacte, l'opinion publique est tout de même attachée à l'idée qui l'a inspiré : l'idée de la solidarité politique, économique et sociale des peuples.

Il faut choisir : ou bien supprimer l'enfant qu'on a mis au monde en 1919, ou bien l'élever et l'envoyer à l'école. A quelle école? Sera-ce à celle de M. Jean Hennessy pour en faire un bon « Européen », ou à celle de MM. Macdonald et Motta pour lui faire franchir d'un bond toutes les étapes qui conduisent à l'universalité?

J'ose dire que, quelle que soit l'importance de son avenir, il convient d'abord de lui assurer l'existence. *Primum vivere.* Or, la Société des Nations ne peut exister — c'est devenu un lieu commun de le dire — sans la confiance des gouvernements et des peuples. Que si les gouvernements n'ont plus confiance dans l'œuvre qu'ils ont créée, qu'ils le disent et qu'ils agissent en conséquence. Il vaut mieux parler franc. C'est là une question de moralité publique.

Que si les dirigeants éprouvent une hésitation, un doute, s'ils prétendent ne plus connaître en cette matière importante l'état de l'opinion publique, qu'ils se résolvent à la consulter. Le parti démocrate américain vient de leur donner l'exemple en décidant de procéder, s'il l'emporte aux élections, à un referendum populaire sur la Société des Nations. Serait-il impossible d'agir de même en Europe et ailleurs?

Certes les élections françaises du 11 mai 1924 ont donné une majorité aux partis de gauche favorables à la Société des Nations et à l'Organisation internationale du travail. Mais outre que cette majorité est contestée par un grand nombre de Français, on peut bien dire que le corps électoral ne s'est prononcé expressément ni pour ni contre les organisations de Genève.

Aussi bien il serait bon que l'idée de la Société des Nations ne fût pas l'enjeu de nos luttes électorales. Le jour où elle sera monopolisée, soit par un parti politique, soit par une confession religieuse, c'en sera fait de l'autorité de la Société. C'est pourquoi, si l'on juge nécessaire de consulter demain les masses, il faudra le faire à l'aide d'une consultation spéciale, autant que possible après entente entre les gouvernements intéressés.

Alors la situation sera claire. Ou bien la Société des Nations sera rejetée par ceux-là mêmes pour qui elle avait été créée et mise au monde, — pareille aventure advint naguère à un personnage célèbre dont l'œuvre ne se porte pas trop mal : Jésus-Christ ; — ou la Société des Nations sera confirmée dans son existence et le devoir des gouvernements sera dicté par les peuples eux-mêmes. Ce devoir consistera à prendre enfin au sérieux l'œuvre de Genève et à lui donner sans hésitation, sans réticences, sans arrière-pensée, tout l'appui nécessaire. Je crains que si nous n'avons pas le courage d'agir de la sorte, la Société des Nations ne continue de végéter, sans plus. Mais il fallait avoir d'abord le courage de le dire. C'est fait.

# TABLE DES MATIÈRES


Pages

AVANT-PROPOS....................................................

## PREMIÈRE PARTIE

### CE QU'ON VOIT A GENÈVE

I. — Deux histoires de concierge..................... 9
II. — Le tour du monde en une séance.............. 15
III. — Le conseil des Dix........................... 24
IV. — La machine à faire la paix..................... 31
V. — Les gardiens de la paix........................ 36
VI. — Une « boîte anglaise? »...................... 44
VII. — L'équipe française............................ 49
VIII. — Le sourire de Genève......................... 56
IX. — La défense des désenchantées.................. 60
X. — Celles qu'on traite............................ 63
XI. — A la recherche d'un drapeau.................. 67

## DEUXIÈME PARTIE

### CE QU'ON FAIT A GENÈVE

I. — Les tâches de la Société des Nations........... 71
II. — Un hôpital pour États malades................ 75
III. — La Société des Nations a-t-elle inauguré une
diplomatie nouvelle?........................ 78
IV. — Ce qu'on aurait pu faire...................... 81
V. — La joyeuse histoire du royaume de Vitanvalie... 84
VI. — Le musée des horreurs ...................... 89
VII. — Les oiseaux de feu........................... 92
VIII. — Albert Thomas sur le gril..................... 96
IX. — La nouvelle sociale........................... 102

Pages.

X. — Un travail de bénédictins ..................... 110
XI. — La note à payer............................. 114

## TROISIÈME PARTIE

### CE QU'ON EN PENSE EN FRANCE

INTRODUCTION ........................................... 125

I. — Ce qu'en pensent les hommes politiques........ 126
    *M. Raymond Poincaré, ancien président du*
    *Conseil*..................................... 126
    *M. François Poncet, député de Paris*.......... 130
    *M. Léon Blum, député de Paris*............. 135
    *M. Paul-Boncour, député, délégué de la France à*
    *Genève* ..................................... 137

II. — Ce qu'en pensent les catholiques.............. 141
    *Une conversation avec le Père Yves de La Brière,*
    *professeur à l'Institut catholique de Paris*... 141

III. — Ce qu'en pensent les humoristes .............. 147
    *M. G. de La Fouchardière*.................... 147
    *M. Curnonsky* ............................... 149

IV. — Ce qu'en pensent les écrivains................. 151
    *Henri Béraud*................................ 151
    *Léon Deffoux* ................................ 152
    *René Benjamin* .............................. 154
    *Georges Goyau, de l'Académie française* ....... 154

V. — Ce qu'en pense l'Université................... 157
    *Les maîtres : M. Paul Appell, recteur de l'Aca-*
    *démie de Paris*.............................. 157
    *Les élèves : M. Robert Lange*................. 161

VI. — Ce qu'en pense la classe ouvrière............. 165
    *M. Léon Jouhaux, secrétaire général de la C. G. T.* 165

VII. — Ce qu'en pensent les mutilés.................. 171
    *M. René Cassin, président honoraire de l'Union*
    *fédérale des Associations françaises des com-*
    *battants et mutilés* ......................... 171

VIII. — Ce qu'en pense l'armée....................... 178
    *Le maréchal Foch*............................ 178

CONCLUSION................................................ 181

PARIS

TYPOGRAPHIE PLON-NOURRIT ET C^ie

Rue Garancière, 8